创造的成本
创新者的得失权衡

[美] 克里斯托弗·B. 宾厄姆（Christopher B. Bingham） 著
罗里·M. 麦克唐纳（Rory M. McDonald）

朱雅妮 译

中国科学技术出版社
·北 京·

Productive Tensions: How Every Leader Can Tackle Innovation's Toughest Trade-Offs
by Christopher B. Bingham and Rory M. McDonald
Copyright © Christopher B. Bingham and Rory M. McDonald, 2022
© 2022 Massachusetts Institute of Technology

北京市版权局著作权合同登记　图字：01-2022-5536。

图书在版编目（CIP）数据

创造的成本：创新者的得失权衡/（美）克里斯托弗·B. 宾厄姆（Christopher B. Bingham），（美）罗里·M. 麦克唐纳（Rory M. McDonald）著；朱雅妮译. —北京：中国科学技术出版社，2023.5

书名原文：Productive Tensions: How Every Leader Can Tackle Innovation's Toughest Trade-Offs

ISBN 978-7-5236-0058-0

Ⅰ.①创… Ⅱ.①克… ②罗… ③朱… Ⅲ.①创业—研究 Ⅳ.① F241.4

中国国家版本馆 CIP 数据核字（2023）第 062044 号

策划编辑	褚福祎	责任编辑	褚福祎
封面设计	创研社	版式设计	蚂蚁设计
责任校对	张晓莉	责任印制	李晓霖

出　　版	中国科学技术出版社
发　　行	中国科学技术出版社有限公司发行部
地　　址	北京市海淀区中关村南大街 16 号
邮　　编	100081
发行电话	010-62173865
传　　真	010-62173081
网　　址	http://www.cspbooks.com.cn

开　本	880mm×1230mm　1/32
字　数	133 千字
印　张	6.75
版　次	2023 年 5 月第 1 版
印　次	2023 年 5 月第 1 次印刷
印　刷	北京盛通印刷股份有限公司
书　号	ISBN 978-7-5236-0058-0/X·151
定　价	69.00 元

（凡购买本社图书，如有缺页、倒页、脱页者，本社发行部负责调换）

序

这个世界不乏各种管理思想，每年有成千上万名研究人员、专家和其他专业人士带来无数书籍、文章、帖子和广播，但是只有少数人的思想有可能真正指导实践，敢于涉及管理之未来发展的就更少了。我们试图通过本书，提出这种基于证据、面向未来，并且富有实践意义的新思想。

罗伯特·霍兰德（Robert Holland）
《麻省理工斯隆管理评论》（*MIT Sloan Management Review*）主编

前言

　　本书主题是在动态环境中培育并引领创新,动态环境即充满新奇事物、资源约束和不确定性的领域。

　　在常规情况下,动态环境中的企业会因技术变革、全球竞争和行业颠覆而失去稳定性,超过 90% 的高潜能初创企业未能实现其预期目标,少数成熟企业能够充分恢复元气,并慢慢占据优势,只有极少数企业经过好几年才能产生高于平均水平的股东回报。幸存企业努力进行创新和增长,结果却有可能适得其反:事实证明企业不断犯错通常会耗费大量资金和时间,从而让竞争对手有机可乘。每年有成千上万的新产品问世,大概四分之三都以失败告终——而且这是依据实际发布的产品得出的比例。

　　根源是什么?是企业首席执行官和创新团队能力不足?是工程师和产品设计师缺乏创意?还是新兴市场和新技术太复杂、太不稳定,让人无法了解?

　　我们认为首要原因其实是传统领导方式不足以应付新情况,即很多创新者调动资源、设计可行商业模式以及发布新产品和新服务的方法不佳。

　　在动态环境中,企业需要持续调整和转变,但很少有领导者知道如何驾驭不稳定力量产生的冲突,他们只是尽力应对创新中最棘手的权衡问题。在错的时间采取错的行动，比干脆什么都不做还糟糕，成功创新太难捉摸和预测，以至于很多管理人员只是满足于不断提高经营效率，或者不断收购成功企业。

动态环境中的领导力到底是什么

为什么成功的创新如此捉摸不定？最常见的解释和领导者自身的特征有关。史蒂夫·乔布斯（Steve Jobs）、奥普拉·温弗瑞（Oprah Winfrey，美国著名主持人、企业家，因其脱口秀而著称）、杰夫·贝佐斯（Jeff Bezos）……这些卓越的企业家很显然同时具备智慧、毅力、灵活性、冒险精神以及企业家必备的其他能力，这固然罕见。但是这个解释说不通，实际上有研究已对这种解释的基本前提提出了质疑。哈佛商学院对初创企业的创始人和首席执行官的一项调查显示，领导者的个人特征和初创企业价值之间并没有显著联系。本项研究的主要研究人员汤姆·艾森曼（Tom Eisenmann）教授在报告中表示："这些基本特征（指管理人员的性格）几乎没有起作用。"即便是公认的领导天才也有失败的时候，亚马逊拍卖平台（Amazon Auctions）一开始和易贝平台（eBay）竞争，但是没有吸引力，亚马逊公司随后推出的智能手机"火机"（Fire Phone）也以惨败收场，即便是从不认输的埃隆·马斯克（Elon Musk，特斯拉首席执行官）也有很多"失败经历"，掘客公司（Digg，美国新闻网络企业）创始人凯文·罗斯（Kevin Rose）以及威沃克（WeWork，美国众创空间企业）创始人亚当·诺伊曼（Adam Neumann），像这种被媒体神化为有可能改变世界，但以失败告终的新一代创新者还有很多，而且对"卓越的领导者"的解释无法提供切实可行的建议。那大部分普通人该怎么办呢？

第二种被广泛认同的解释是，有些创业企业之所以能够取得成功，仅仅因为其拥有更多的资金或者擅长吸引资金的领导者。很明显，有风险投资支持的初创团队和大企业首席执行官通常根据这种最初的资源禀赋假设来制定战略，以便花更多钱来打败竞争对手。但现实是，拥有丰富的资源的企业并不一定会创新成功，实际上越来越多的研究证明，事实恰恰相反：即资源会制约企业的创新。

第三种解释令人沮丧：比起人的想法，成功的创新更取决于纯粹的运气和巧合。学者纳西姆·尼古拉斯·塔勒布[Nassim Nicholas Taleb，安皮里卡资本公司（Empirica Capital，对冲基金公司）创始人]提醒我们"别被偶然性骗了"。初创企业和企业创新活动的失败率均居高不下，似乎证明了"运气"一说，管理人员因此感慨"生不逢时"，哀叹"市场没准备好"接受其超前思想。出于这种思想，风险投资者同时投资10家企业，指望一笔巨额回报能够弥补其余 9 家企业的亏损。但这种办法并不可行，除非你是多面手，能够掌控潜力型初创企业的投资组合。如果你是企业家或者你唯一一家企业的创新负责人，你会怎么做？

第四种全新解释

我们并不同意以上任何一种观点。乍一看，创新失败似乎证明了"问题太复杂，所以解释不清楚"这种理论，但我们认为真实情况是人们不够了解如何做动态环境中的成功领导者。

我们将通过本书精准确定并分析与领导者成效有关的关键过程——行动步骤和顺序，从而扩大探讨范围。为了尽可能透彻地了解企业如何在不同市场上捕捉机会以及随后成功和失败的模式，我们研究了初创企业、寻求扩张的年轻企业以及追求增长的成熟企业，深度采访了北美洲、南美洲、亚洲、非洲和欧洲的数百家企业，行业涉及金融科技、零售、数字游戏、无人机技术和医疗。

我们的信息来自众多企业部门，涵盖从基层管理人员到高级管理团队成员的各个层级的人员，如创始人、董事长、常务副总裁、首席执行官、首席创新官以及业务部门领导，采访对象包括企业家、企业创新者、市场分析师以及财经记者。

本项研究揭示的一些结果很意外：最有力的领导者倾向于采取相似的行为模式，这些模式通常与创新及企业建设的常规准则不同，我们认为它们代表一种有效的新知识体系，可以帮助领导者避免动态环境中可预见和不可预见的陷阱，从而制定更成功的发展路径。

从证据到理论：了解成功的领导者

复杂事物也可以系统化，哪怕是动态环境中的领导力。但即便我们汇集无数证据，证据本身也不会产生领导者需要并且想要的一致性和方向。要了解一件事物，最终需要了解哪个是因，哪个是果以及为什么这个因会导致这个果。

实践者通常对理论没什么耐心，认为理论太抽象、可行性差，因此他们多仅依靠数据。但是我们始终得依赖理论。谷歌地图真的能带我到达目的地吗？我们每天进行各种日常预测和推理，所依赖的心智模式就是因果一致性理论。领导者也通过心智模式做出决策并制定战略，这些心智模式可以预测按照哪种次序完成哪种步骤能够实现其愿景。实际上，如果领导者未能意识到自己在依靠未经检验的理论，而且未能质疑相应的心智模式，那么他们采用的心智模式和所处的时间、环境可能都不合适。

为确保领导者理解并且相信本书提出的理论，我们以更好的做法提出了新理论——在研究中采用多案例归纳法，即对比不同企业的事例推论出新观点，感兴趣的读者可以在前言最后一节中进一步去了解。这种方法与医学科学家、法官、物理学家以及以依靠证据的其他职业人员为了从一系列证据中得出因果关系结论所采用的方法类似。多案例归纳法能够帮助我们根据精选案例研究结果建立理论，反过来解释现实世界中特定事情发生的过程和原因。每个案例都代表其自身的一种实验，在某种意义上可以和其他案例比较和对照。通过多案例分析得出的模式，我们形成一些论点，并提出一些新理论，最终全面介绍如何有效地引领创新。

我们的方法要求谨慎对待案例抽样，有时我们选择极型案例，即起点相似但是从不同路径实现结果的案例。例如，为了形成第二章中提出的观点，我们研究了5个企业——其中2个表现很好，2个表现很差，1个表现尚可——从而形成一种关于在新市场中引领商业模式创新的理论。第八章中的理论基于"竞赛案例"——企业的起点和情况相似，例如创始人的背景和资金情况相似，但是以不同节奏通过彻底的战略转变实现了相同结果。这种谨慎选择案例的过程，能让我们避免以结果为导向的过程和行为。多案例归纳法还能使我们结合先前研究的相关资料提出规范性观点。我们不仅描述发生了什么，还尝试说明原因，从而说明为什么领导者在类似情况下采取类似行动时，预期会产生相同的结果。

接下来本书所讲的理论和方法很好理解、易于执行。管理学的目的应该是帮助企业中的人改善其行为。在本书中，我们考虑到有各种类型的领导者，因此本书适合负责掌控企业成长、创新和变革的任何人阅读。因此本书的观点针对在企业创立早期，在一切都不明朗的情况下引领企业的团队，带头实施新计划并且受资源约束的富于创新精神的员工以及大胆着手实施转变战略的企业管理人员。

本书将向读者介绍一套战略，它总结自不同行业、不同背景的各类企业创新领导者的实际经验，其中有些战略要求进行自我审查，严格反思自己的"想当然"、思维习惯和思维过程，有些基于部分拓荒者的市场经验——有的人一开始是对的，但是后来却搞错了；有的人尽管有丰富的经验、高涨的热情，既精明又坚决，并且想法很好，但是误入陷阱或者犯了错误。从他们身上，我们可以学到很多东西。

理解正确，做法错误

无人机行业的法国发明家亨利·赛杜（Henri Seydoux），其特殊的领导风格导致其企业大起大落。2010年，赛杜的企业派诺

> 创造的成本：创新者的得失权衡

特公司（Parrot）率先推出 AR（增强现实）无人机，他很快发现智能手机的出现即将带来无限可能。为了同时具备操控无人机和玩电子游戏给人带来的刺激感和愉悦感，赛杜围绕音乐、照相和游戏三大手机功能进行创新，派诺特公司的 AR 无人机刚一亮相拉斯维加斯的消费类电子产品展，就吸引了人们的注意，成为展会的亮点，被近三百个电视节目争相报道。

但是事实证明，向成熟经销商竭力推销一种没有商业先例的产品存在很多问题，派诺特公司的首席营销官随后表示："经销商们不知道该把这款产品放在哪里。它是玩具？手机的外围产品？还是消遣品？为了提前为该产品创建一个前所未有的类别，我们尝试了无数分类和定位。"

与此同时，大疆创新公司（DJI Technology）发现在无人机上增加一个运动摄像机将开启无限可能。专家报告说，大疆无人机的摄影质量无可匹敌，该产品随后被称为"飞行摄影器"。到了 2019 年，派诺特公司因遭受重创不得不退出消费者市场。

一家引领创新的企业竟然沦为其亲手创建的行业的陪跑者，为什么？其领导者曾面临各种矛盾，营销管理人员不确定该如何调整创新方案，以便使其产品在最大限度上被消费者接受，即：他们到底应该强调无人机和经销商现有产品的相似之处，还是强调其新颖性？创新团队谨慎地依赖尚不存在市场的数据，因此无法进行市场研究，但是又不得不圆滑地应对董事会提出的要求，他们习惯了根据数据做决定。而在不断演变的竞争环境中，战略家们则无法跟进不断变化的消费者需求。赛杜后来悲叹道："我犯了一个危险的错误,（和大疆创新公司）相比之下，我的无人机不过是个玩具。它拍到的视频虽然传到了用户的手机上，这些视频却无法被保存。产品质量很差，索尼和任天堂让我觉得这款产品售价不能超过300欧元，但实际上，人们当时愿意花更多的钱买个优质摄像机。我们当时只是一心想着降低无人机的价格，结果自缚手脚，因为当时还没有市场。"所有这些进退两难的困境都体现了创新市场固有的冲突。事实证明，赛杜和派诺特公司的其他领导者都无法承受创新中的冲突。

运动装备企业安德玛（Under Armour）的创始人凯文·普兰克（Kevin Plank）则是另一种创新者。在一次大学橄榄球比赛举办期间，普兰克开始尝试寻找在闷热的层层防护服下依然能够保持干爽透气的面料，最终他发现，经过改造的防水聚酯纤维能够吸收并释放皮肤排出的水分（"吸汗"特性），加入氨纶纤维后，可以紧贴穿戴者的皮肤，从而压迫肌肉，增加其耐力。普兰克制作了一种基础样品，即轻质吸汗的贴身弹性抗压衣。由于穿着舒适、性能卓越，越来越多的运动员都开始尝试该产品。安德玛公司迎来了长达约20年的业绩增长，创造业内先例，2017年总收入约50亿美元，并成功进军被耐克公司和阿迪达斯公司主导的运动鞋服市场。这一切都是因为在打造企业过程中，安德玛公司的领导者能够有效应对创新冲突。

成熟企业（如安德玛公司）领导者面临的创新冲突可能很可怕，消费者行为的快速变化，其对新产品的需求无法得到满足，这些都可能将企业的核心实力变为负担。不同时代企业竞争优势的来源也不同，因此领导者必须改变其经营方式。

本书结构

本书各章节旨在帮助领导者在动态环境中成功应对创新时遇到的冲突。创新固有的冲突也就是相互矛盾的目标导致的持续不协调：效率还是灵活？坚持还是改变？产品还是用途？它们会引发领导者的焦虑、消耗领导者的时间，并且需要人们提出解决方案。奇怪的是，领导者通常无法发现这些冲突，因此也无法有效避开这些问题。

本书聚焦于每个创新者必须了解的八大关键冲突。比如说：如何让客户对其从未想过的产品感兴趣？什么时候应该接受由数据得出的结论，什么时候应该忽略数据，只管前进？在不可预测的方向大转变过程中，如何继续获得利益相关者的信任和支持？很多领导者认为不可能协调这些冲突，并且不愿意强迫自己在设想的有限路径之间做出选择。阅读本书后，读者会发现，当领导者认为冲突具有建设性时,冲突通常会得到更好的解决;读者还会通过本书获得大量的实用指引,从而有效驾驭冲突。通过各种企业案例,我们将帮助读者应对创新过程中一些较为棘手的冲突。案例中涉及的企业包括宝洁、照片墙(Instagram)、本田、赢傲汉堡(In-N-Out Burger)、斯莱克(Slack,线上办公软件)、安德玛以及滑雪板企业伯顿(Burton)。

表 0-1 按章展示了本书前八章探讨的冲突以及相关问题。

表 0-1 本书前八章结构

章	主题	冲突	问题
第一章	机会悖论	灵活与专注	如何更有效地捕捉新的增长机会?
第二章	平行游戏	差异化与借鉴	如何确定哪些差异点将对潜在客户最重要?
第三章	依赖还是忽略数据	依赖与忽略	何时该依赖数据,何时该忽略数据?
第四章	利用群体	内部与外部	如何充分利用企业内部和外部的人的知识?
第五章	合理的启发式	效率与灵活	如何避免重复工作,同时乐于进行彻底改造?
第六章	有效规划创新	熟悉与新颖	如何调整创新以获得资源、关注和吸引力?
第七章	产品与用途	产品与用途	如何形成并且维持独特的品牌优势?
第八章	重大改变	坚持与改变	必须调整战略时,如何维持客户的信任并保持初心?

第一章介绍选择机会和抓住机会的最佳方式之间的冲突。有的领导者甚至学者主张跟着资金走，并且主张根据新出现的客户需求而不是现有计划来选择机会。在机会迅速变化并且无法预测、市场边界和竞争对手不断变化的环境中，这种机会主义方法既符合直觉，又具有理性。这是否意味着严格执行计划的人就是失败者？远非如此，我们经过研究得出了明确的方法，可以决定何时应该坚持原则并保持专注，何时应该跟随直觉并紧抓机会。在选择机会初期，坚持原则可能会为后来选择机会留出更多余地。

第二章探索领导者面临的竞争中差异化与借鉴之间的冲突。全新的市场就像科幻故事中的虫洞，在虫洞里，通常的时间和空间规律都不起作用。当一个市场刚刚形成时，各种竞争力量会不断变化，由于不清楚谁会成为客户，传统战略就不起作用。如何在这个不断变化的环境中取得成功？我们发现，在动态环境中，最成功的领导者会参与一种"平行游戏"，即观察周围环境及其同行的活动，并验证自己的想法。他们还会借鉴别人的思想，就像儿童在玩游戏时会做的那样。只有经过不懈的试验后，他们才会专注于一个价值创造模板，但即便此时，他们也并不急于优化该模板，而是留出一些不确定性，并且停下来观察和等待，随着其洞见越来越多，市场也开始趋于稳定，这时他们才会一点点优化该模板。

第三章深入观察决策时如何使用数据。我们生活在一个数据分析的黄金时代：数据分析驱动的新能力，有可能让企业能力实现分裂式提升，脸书（Facebook）[1]、亚马逊、奈飞（Netflix）和谷歌公司的数据驱动优势，貌似证明了这个前景的真实性，但是突破性创新向来就不同于常规创新，所以评价突破性创新，需要细致入微的观察和理解，而不仅是依赖数据。那么寻求创新的领导者如何面对数据呢？我们以卓越的科学家为例，和卓越的创新者一样，卓越的科学家并不完全依靠数据，而是通过探索前景广阔的思想来寻找新路径，并且最终颠覆其所在领域的范式；他们的工作方式强烈表明：取得突破更需要怀疑，而非依赖数据。

由于面临信息限制，只身奋战的领导者的信息是不全面的，而他们了解的东西，必然要受认知偏见的影响。如果不进行纠正，这些缺点有可能导致不良结果。在第四章中，我们详细介绍领导者为什么需要同时从企业内部和外部寻求帮助，从而带动变革和创新。通过群体（即我们身边的一群人）来形成并优化解决方案，是有效克服个体认知过程中固有局限性的一种办法，尤其是在动态环境中，领导者必须在无法预测的情况下迅速做出决定。领导者如何充分发掘群体的潜力？答案在于一种新的战略——群体排序。群体排序本质上能够在不同时间激励不同群

---

[1] 现更名为元宇宙（Meta）。——编者注

体，来解决不同的不确定性，有了这个方法，领导者更有可能解决正确的问题，知道自己是否找到了正确的解决方案以及确定合适的资源和技能来执行该方案。

随着时间的推移，大部分组织的规模会越来越大，它们制定各种制度和手册，结果越来越官僚主义，越来越迟钝。第五章聚焦一种违反直觉的洞见：环境变复杂以后，最好的战略通常采用最简单的经验法则或启发式。很多观察者讽刺启发式为"用不经思考的反应来替代分析"，并且用启发式来解释非理性行为和战略失败。本章旨在阐明谨慎制定的启发式对企业有哪些好处，详细说明领导者应该创建哪类启发式以及背后的原因，同时概述领导者如何避免其经验法则本身越来越官僚化。

第六章概述即将引入创新时熟悉和新颖之间的冲突。随着创新节奏加快，人们的观念比技术效益更能决定新的产品和服务是否被接纳。如果领导者无法强调熟悉性，人们就会感觉不太舒服，从而不愿意尝试创新内容。但是不重视新颖性，则会抑制必要的吸引力和人们的好奇心，从而无法引领人们尝试和接纳创新产品和服务。在任何一个尝试创新的企业，何时强调熟悉性以及何时强调新颖性都是基本问题。我们的研究表明，一开始应该通过强调其与现有产品和服务的相似性来介绍创新产品或服务，随着受众越来越熟悉创新产品和服务，就可以着重强调其新颖性了，本章介绍正确规划创新以及有效转变规划重点的战略。

第七章探索产品和用途之间的冲突。每个经营者都渴望打造成功的品牌，好的"用途型品牌"会为自己代言，能够带来溢价，并阻隔竞争对手。但是新品牌中成功的少失败的多。为什么？主要是因为领导者一心想着品牌的身份和形象，而忽略了完善其用途，即如何让其帮助客户更好地做某件事情。我们提供了3种方法来将品牌创建及营销融入产品开发：（1）确定产品或者服务如何才能满足客户的功能、情感和社交需求；（2）确保客户在购买及使用产品时有优质的体验；（3）确立并调整过程，以便使品牌符合产品用途。一旦目标品牌产生了吸引力，就该确定是否采取下一个步骤，即通过该目标品牌推广其他产品，并确立其合理性。

第八章探究坚持与改变之间的冲突。为了吸引投资者、员工、客户及媒体，初创企业和创新项目通常将其产品描述得很诱人，但是这种描述通常会让企业犯战略性错误，因此需要改变方向。如何向利益相关者传达这种转变，可能会对一个企业的未来产生巨大影响，我们的研究确定了一套用于在战略调整期间继续获得利益相关者支持的战略。为了发出具有广阔前景，但是不过于明确的吸引人的"召集令"，领导者一开始不应该把解决方案介绍得太具体。如果以后必须改变行动方针，则可以说明新计划与原计划的共同点，从而表明企业不忘初心。一旦重新启动计划，对利益相关者进行安抚并表示同情至关重要，因为他们可能感觉被抛弃或者背叛。如果领导者提前告知员工和客户重启计划将对其造成的影响,并且对其表示真诚的关心,他们会更倾向于继续保持忠诚。

整体而言,各章均聚焦创新者会遇到的棘手的冲突及其导致的核心问题。我们还通过各个行业的大量案例,提供切实可行的新办法,以便有效应对每种冲突。如果领导者能够根据需要,在不同时间应对不同冲突,而非始终只应对一种冲突,那么就更有可能取得成功。尽管这有难度,但只要领导者齐心协力,还是可以做到的。

领导者的自我提升之路向来并将继续漫长而艰辛,需要领导者具备顽强的意志并投入大量时间,然而其回报通常非常丰厚。我们在本书中提供一些以事实为依据的先进工具,希望可以帮助领导者更好地应对不断变化的行业和环境,从而帮助每个领导者提升自我。我们提出冲突也可以很有成效这一观点,是希望本书中探讨的做法和过程能够促进引领创新。

关于理论和方法

归纳式理论构建非常适合用于探索复杂活动和互动,例如动态环境中的关系动态和竞争动态、资源配置、思想形成、机会捕捉、市场扩展及行业形成,目前人们对动态环境的了解不多,形成的理论也很少。

我们针对每种情况收集了丰富的数据，同时尽量排除偏见，其详细程度足以支持构建一种理论。我们还通过多种来源和安排对该数据进行三角互证①，并且采集以往和现有数据，采集方式包括采访记录、电子邮件通信、参加行业活动以及研究网站、博客、社交网络画像和购买公开的档案资料。

随后反复组织并重组原始数据，从而形成将行动和结果联系起来的理论，再反过来将这些试探性理论和案例进行比较，以证明其适当性。具体而言，我们将临时性理论与特定案例进行比较，以确定特定案例是否具有重复性，同时与多个案例比较，以便进行交叉案例分析。通过反复进行数据分类、对比和复制，旨在寻找适合各种案例的模式，进而形成一种始终合适的理论。每个过程形成的理论都比上一个过程形成的理论更接近观察案例，这种匹配可能永远都不完美，但是外行通常最适合来优化理论。这一优化过程反而产生了一种简单通俗的预测性理论，它在各种背景下的逻辑是一致的。

---

① 三角互证指自一个独特的认识论位置出发，从三个不同的角度收集研究所用的数据。——编者注

目录

第一部分　确定路线

第一章　机会悖论：企业如何更有效地捕捉机会 / 003

第二章　平行游戏：为什么常规的竞争和战略规则不适用于新兴行业及产品类别 / 025

第二部分　指引行动

第三章　依赖还是忽略数据：如何通过选择性忽略数据实现突破性创新 / 043

第四章　利用群体：如何加速创新并应对不确定性 / 059

第五章　合理的启发式：领导者化繁为简的原则 / 075

第三部分　密切联系利益相关者

第六章　有效规划创新：先强调熟悉性，再强调新颖性 / 095

第七章　产品与用途：品牌建设过程中的冲突 / 107

▶ 创造的成本：创新者的得失权衡

第八章 重大改变：如何转变战略并让利益相关者接受新战略 / 129

第九章 总结：从不可能的权衡到富有成效的冲突 / 145

参考文献 / 165

第一部分

确定路线

第一章

机会悖论：企业如何更有效地捕捉机会

追求灵活性和坚持原则之间，哪种态度能让领导者更好地抓住新机会？这个问题及其答案比我们之前理解的更复杂、更微妙。经过研究初创企业、成长企业和成熟企业，我们发现灵活和专注之间始终有一对冲突，它能决定企业的成败。本章探讨领导者何时需要专注并坚持原则，何时需要灵活地抓住机会。

很多领导者断言，企业增长必须要有计划，制订计划有助于领导者确定如何实现目标，预测可能发生的情况，识别风险因素，从而更好地应对各种突发情况。这种方法与一些研究结果一致，即以标准模式进入新市场通常能提升业绩。

但是有些从业者和学者则认为，在动态环境中制订计划很难成功，他们主张领导者要不断尝试、调整和改进。在充满不确定性的世界，机会转瞬即逝，并且无法预测，市场边界不断变化，竞争瞬息万变。不断尝试调整和改进的行为既简单又合理。

在需要变革和灵活应对的竞争环境中，强调谨慎制订计划的战略已经不合时宜了吗？我们不这么认为。实际上经过采访众多领导者，我们发现追求灵活性和坚持原则并非不可兼得。相反，

▶ 创造的成本：创新者的得失权衡

专注甚至有可能增强企业的灵活性，反之亦然。

机会很复杂。首先每个机会都包括两部分：选择机会和执行机会。选择机会涉及决定要解决客户的哪个问题，执行机会则促使解决该问题。大部分刊物和思想领袖都非常重视执行，重视通过为客户制订解决方案来创造价值。但研究发现，创新者通常太急于捕捉机会，以至于随后不得不回头确定自己到底要解决什么问题。换言之，虽然企业往往花非常多的时间来捕捉机会，但选择机会似乎和执行机会同样重要。更重要的是，你如何看待机会选择，灵活还是专注，这将对你的执行效果产生决定性影响。

机会主义者和战略主义者

我们的研究发现，创新型领导者通常分为两类，即机会主义者和战略主义者[1]。企业也有投机型和战略型。机会主义者采用更

---

[1] 为了解企业如何在不同市场上捕捉机会，我们对来自北美洲、亚洲和欧洲的30家企业的管理人员开展了超过150次深度采访，每次采访时间为45分钟到90分钟，包括开放式和封闭式两种形式，采访对象包括基层管理人员和高层管理成员（首席执行官、董事长、常务副总裁和业务部门领导者）。我们还在不同的机会捕捉阶段对企业开展研究，研究对象包括初创企业、寻求扩张的年轻企业以及追求增长的成熟企业。我们参考了20多年来知名学术和专业期刊上发表的战略管理和企业家精神领域的相关研究。

新颖、更灵活的方法来选择机会,他们并不事先对其即将寻求的机会进行分类,而是根据客户需求来选择机会。例如,美国的一家安全软件企业选择进入德国市场,理由是有个德国客户对其安全监控服务感兴趣。该企业决定进入瑞士市场,则并未经过精心规划,而是因为临时出现瑞士客户需求,事后提及该决定时,该企业一位管理人员表示:"与其说我们主动决定(进入市场),倒不如说我们是被市场吸引来的。"

机会主义者认为自己是精明的摘果人,只选择伸手就能够到的果子,或者能够在机会之门只对他开了一条缝隙,而且还没有被竞争对手发现时迅速溜进去。他们并不制订计划,而是利用新情况,因为这些机会可能存在问题或者过时,或者既有问题又会过时。这种灵活选择计划的方法与研究战略及企业家精神的文献结论是一致的。这些资料认为很多市场的动态性质导致行动前的深思熟虑不再那么重要,另外,不明确有时候反而有好处。的确,很多企业领导者迅速做出的决定,反而比精心规划产生的结果要好。

相较之下,战略主义者看到很多企业为追求新机会而努力迎合多个市场的需求,结果找不到重点,于是只涉足特定市场,为的是集中精力抓住最有可能使其成功的机会,因此战略主义者的原则性更强。一开始他们会了解在其市场上抓住机会有何特点,随后会针对他们认为最好而不是最早的机会制订一项计划,而这个机会能够让其一连抓住好几个机会。

例如，一家通过售货点软件帮助企业管理库存的芬兰企业选择瑞典作为其第一个海外市场，依据是其领导者能够学习到多少东西，而不仅是学习如何提升销售能力。尽管瑞典市场不大，但是瑞典和芬兰文化相近、地理位置相接，这降低了该企业领导者无法应对文化差异的风险，同时有利于其学习如何在瑞典经营业务。其首席执行官解释道："在这个过程中我们很保守，由于不太了解国际业务，我们把瑞典作为第一站。"继瑞典之后，该企业先后选择挪威、法国、德国、英国以及美国作为新市场，逐步在更大的市场中积累经验，并且利用其增长知识。专注于选择机会通常能使企业先追寻更容易的或者基础性机会，这些机会反过来有助于企业追寻更难或者非基础性机会。建造桥梁或者组装计算机的顺序很关键，顺序似乎对于有效地抓住机会同样关键。

灵活选择，专注执行

这两种背道而驰的机会选择模式是如何开展的呢？我们发现在选择机会阶段，更灵活的机会主义者到了执行机会阶段却没有那么灵活，这很奇怪。换言之，这些管理者擅长迅速应对新出现的机会，但是一旦开始执行，很多人反而变得很死板。美国一家医学图像软件企业的领导者在选择机会时非常灵活，其中一个创始人表示："我们当时正尝试进入欧洲市场，所以开始寻找机会，并且找到了最佳机会。"由于当时瑞典一些医生对该企业的软件感兴趣，所以该企业决定进军瑞典市场，但是进入瑞典市场后该企业发现，这些医生和其他瑞典医生似乎不愿意以新技术替代一种成熟的乳腺 X 射线摄影方法。

该企业并未灵活改变其解决方案来迎合当地的市场偏好，而是继续尝试销售一款通用产品。其管理人员临时又以相同的方式选择了下一个目标市场——挪威。未能实现销售目标，该企业领导者称目标客户不了解该产品，他们并未调整方法，而是继续推广现有解决方案。灵活地选择机会，但是死板地执行，这种模式的结果通常并不理想。谈到进入瑞典市场时，该企业管理人员表示"我们没法在瑞典销售产品，我们的销售人员遭受重创后无路可走"。该企业随后在进入其他几个国家的市场时做法也同样。

专注选择，灵活执行

而同样奇怪的是，在选择机会时原则性更强、更严格的企业，在执行机会时反而更灵活。新加坡一家游戏企业的创始人花费了大量时间，认真考虑该进入哪个市场，经过采访客户并观察市场，管理层认为要进入多个市场，最好首先进入日本市场，但是要向日本无线供应商销售数字内容，就不得不与日本的内容供应商正面交锋，后者不仅技术强大，而且市场地位稳固。

对此，为了在全亚洲销售其日本竞争对手的内容，管理层并未继续尝试在日本销售原来的内容，其董事长表示："我们并未与其（日本的数字内容企业）竞争，反而决定与其合作，决定采购其产品，并且销往整个亚洲。"在日本灵活执行机会的结果比原计划可能带来的效果更好。该企业的一名管理人员说："我们决定与日本企业合作销售其内容后，短短 3 个月就和大量的知名内容制造商签约。"我们发现其他公司也采取类似模式：选择机会时越专注，执行机会时就越灵活（见图 1-1）。

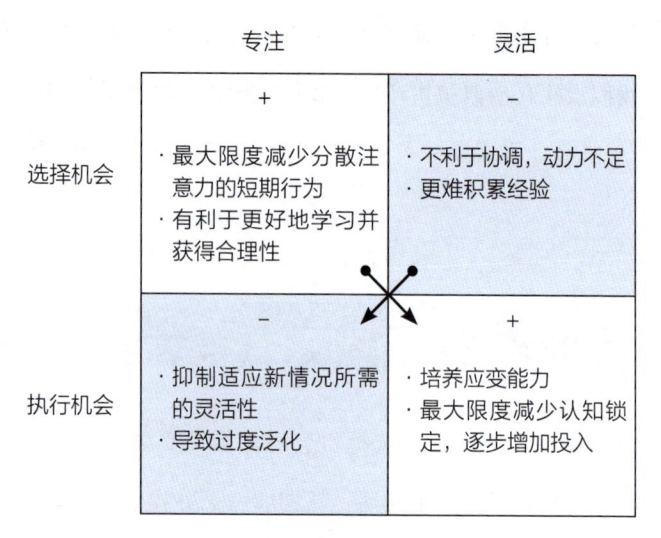

	专注	灵活
选择机会	＋ ·最大限度减少分散注意力的短期行为 ·有利于更好地学习并获得合理性	－ ·不利于协调，动力不足 ·更难积累经验
执行机会	－ ·抑制适应新情况所需的灵活性 ·导致过度泛化	＋ ·培养应变能力 ·最大限度减少认知锁定，逐步增加投入

图 1-1　如何更有效地捕捉新机会

捕捉机会的现象

我们通过研究，发现了2种完全相反并且令人深思的机会捕捉现象，它们对在新市场上实现增长很关键，即：(1) 机会主义者在选择机会时可能格外灵活，但在执行机会时通常相当死板；(2) 战略主义者在选择机会时可能非常苛刻，但在执行机会时一般更灵活。这两种模式可归因于我们认为怎样才算是谨慎的决策者以及决策者应如何面对不利结果。

认知锁定的危害

我们研究发现机会主义领导者很可能存在决策后的认知锁定，或者很容易接纳并继续积极地看待其所选机会，为此他们会依靠多种不同的战略。我们发现他们事后通常将其选择合理化，只关注积极方面，而忽略消极方面，他们还倾向于把选择导致的不好结果归因于其无法控制的外部环境，而不去反思自己最初做决定时是否冲动，因此不一致信息的潜在纠错作用微乎其微。最后，他们还不愿意放弃或者改变失败的行动过程，反而加大筹码，增加投入。

不同于前文所述，选择机会时原则性更强的销售点软件企业，芬兰一家安全软件企业的管理人员选择企业的机会时很灵活，进入首个海外市场——瑞典时没有事先计划，其首席财务官承认："（选择）瑞典纯属偶然。"但是后来管理者表示，他们其实是有意选择瑞典的，因为员工可以"学习初步经验"。在瑞典的销售额下降后，该企业的领导者开始抱怨客户经济实力不足等，将销售额下降归结于外部因素，而非内部战略问题。因此，他们并未改变执行机会的方法。一名高级领导者说："企业曾精心制定了一个提供服务的标准模式，我们不会改动它的。"在尝试进入美国市场的时候，这个严苛的标准模式导致企业无法与几个潜在客户达成协议。

这种合理化有时会被管理人员用于构建意义，即在合理化的同时，管理人员通常会将注意力转移到在选择机会阶段忽略的方面，从而保全自己的面子。这种注意力的转移，会让人不再像以前那样担心机会的某些维度，但事实证明，这些维度最终令人失望或者存在问题。这种模式揭示了与捕捉机会有关的一种自相矛盾的现象：领导者越想要控制机会的执行，越无法控制，这种控制不足通常源于其尝试将用户解决方案以及本就不同的情况标准化。有趣的是，在奉行机会主义的企业，管理人员的经验越丰富，越不利于灵活执行机会。这种模式表明，在企业实践过程中，执行机会积累的成功经验可能被制度化。

相反，在众多可能性中，战略主义者经常只评估少数几个机会，这种有序的机会选择过程降低了事后证明存在问题的选择的概率，领导者因此可以毫无偏见地执行机会，因此更容易调整、试验，有时会彻底改变其产品或业务模式。我们研究过一家信息技术安全软件供应商，它很认真地研究了其机会组合，并且选择某国市场作为最佳目标市场。可是管理者发现有几个该国客户不愿意购买软件，因为他们已经习惯在购买硬件时收到赠送的软件，该团队因此转而开发了一项硬件解决方案，结果销售情况很好。

我们发现，和机会主义者相比，战略主义者通常更容易改进其机会执行：他们能放弃现有的产品和做法，并且采纳更适合的新产品和新做法。

给机会排序的好处

另一个基本观点是，要想实现新市场上的长期增长，领导者需要给机会排序，并进行学习。初看之下，灵活的机会选择似乎有利于管理者学习并适应，但我们发现，很多灵活的管理者和企业家都有过几次教训。首先，如果经常改变行动方针，就没法好好学习。其次，比起只捕捉一个"黄金机会"，同时抓住多个机会似乎更有利于取得持续的商业成功。因此在某种程度上，长期成功有赖于管理者和企业家了解抓住一个机会对于抓住其他机会的作用。

建立机会捕捉顺序有助于领导者以某种方式将现在和未来联系起来,这种方式有利于促进团结,并且有利于将各个地区员工和管理者的注意力集中起来,这个过程有助于企业的前进节奏协调一致。因此领导者需要将机会有条理地排序,即评估企业的位置、目标以及达成该目标的路径,除了根据新客户的需求选择机会,这是另一种机会选择方式。

由于机会主义者通常会选择看似可能见效最快的机会,他们时常发现难以借鉴并利用以往经验。成熟企业的管理者通常怀疑其所追逐的各种机会其实没有什么共同点,他们还怀疑之前的教训。初创企业的管理者则抱怨同时追逐多个机会是缺乏远见的表现。这两类管理者都掌握过多数据,例如与客户需求、反馈和产品特征相关的数据,不同数据指向不同,以至于不知道如何才能取得成功。例如,前文所述芬兰的那家安全软件企业的首席执行官承认,其团队无法吸取以往的经验,"我们本应有更多重点,制订更多有针对性的计划,而不是仓促制订一种面面俱到的方法。"与此类似,我们采访的一位美国企业家回想往事时充满悔恨:"我们当时做的事情太多了,以至于不知道到底能不能从任何一件事情中学到东西。我们每变一次,很多事情都跟着变了,不知道到底哪个是因、哪个是果。"

而战略主义者则倾向于对其所选机会进行精心排序,他们选择市场的依据,通常是自己能不能从某个市场上学到东西,并且选择该市场是否有助于下一次选择市场。美国有一个学习工具开发者,他富有企业家精神,决定专门向培训市场提供小测验。提及原因,他表示:"在单个市场专注于单个问题后,我们真正明白了到底是什么解决了客户需求,也开始真正了解培训人员的需求以及怎样增加收入。"缩小专注范围后的 1 年内,这个企业家的收入增加了 4 倍,随后他利用其培训测试经验进军商业企业测试领域,最终大获成功。

滑雪板企业伯顿的领导者也属于战略主义领导者。由于其领导者精心对机会进行排序,该企业从最初的以业余爱好者为目标客户转向蒸蒸日上的全球业务和为奥林匹克运动项目服务。杰克·伯顿·卡彭特(Jake Burton Carpenter)于 1977 年创建了伯顿公司,当时他着迷于制作顶级滑雪板。他制作了 100 个原型,随后才有了全球首款商业滑雪板伯顿巴克希尔滑雪板(Burton Backhill)。他说:"经过各种艰难,我发现你不能假定一切都会一帆风顺,而要认真考虑每一种失败的可能,然后拼命地测试产品……你在外面冻得要死的时候,有些东西还坏了,这真的让人沮丧,我们的口头禅是:先假设该产品会坏,然后确保它不会坏。"制作出用于偏远乡村地区的优质木制滑雪板后,他开始利用自身优势转向下一个机会:制作滑雪场顶级滑雪板。在产品方面增加了聚乙烯雪板、滑雪靴固定夹以及用于实雪滑道的金属边缘后，伯顿公司得到市场的认可，因而收益大增。

下一个机会就是扩大产品门类，卡彭特将竞速滑雪板加入其产品类别。作为滑雪板的企业家用户，一年中他有一百多天都待在山上。在那里他认真听取滑雪者对滑雪板和设备的抱怨。例如，靴子既薄又不结实、手套容易滑、裤子和外套不耐寒并且容易被滑雪板撕裂等。随后，伯顿公司利用其在硬商品（滑雪板和滑雪鞋固定夹）中的专业技术能力转向软商品（靴子和服装），后者的利润率更高。说起机会选择顺序，卡彭特表示："一开始我们做滑雪板。但是后来发现人们需要与我们的滑雪板配套的专用滑雪靴，所以我们开始做滑雪靴，再后来我们开始做外套，再后来是技术含量更高的防水外衣。我扩展了产品门类，当时有一些反对者和纯粹主义者说：'我们不能做保暖内衣。'我说：'不，咱们能！'"一段时间后，伯顿公司的战略性机会排序加固了其品牌地位，其品牌越来越受欢迎。这促使其得以赞助最佳选手[三届奥运会金牌得主肖恩·怀特（Shaun White）和三届奥运会获奖者凯莉·克拉克（Kelly Clark）]。

战略主义者对机会进行排序，一方面是为了进行系统学习，另一方面是为了加强其产品在市场上的合法性和可信度。例如，新加坡的一家无线设备半导体解决方案供应商渴望向美国市场出售其产品，但是该企业发现在此之前必须要有业绩。为此，该企业不断拓展海外市场，逐步积累销售业绩，最终赢得了美国、德国和日本的客户。

同样，跑鞋品牌霍卡欧尼欧尼（Hoka One One）将其迅速崛起归功于通过给机会排序取得合理性。2009年霍卡欧尼欧尼品牌刚成立时，其主流店铺和专卖店均以销售极简跑鞋为主。霍卡欧尼欧尼品牌想转向相反方向，即"极繁主义"，或者叫极强缓冲跑鞋。其创始人尼古拉斯·莫默德（Nicolas Mermoud）和让-吕克·蒂阿尔德（Jean-Luc Diard）开始为阿尔卑斯山、比利牛斯山和多洛米蒂山的山地竞速①设计一款易穿脱鞋套，随后设计了一款传统跑鞋，并且开始在专业赛跑和精品跑鞋店推广。与此同时，他们还向全球知名越野跑者戴夫·麦基（Dave Mackey）和卡尔·梅尔策（Karl Meltzer）提供赞助。至此霍卡欧尼欧尼才开始进入主流市场，如今全球数千家零售店和比赛场上都有霍卡欧尼欧尼跑鞋的身影，且该品牌销量持续高速增长。根据不同情况，企业还可以自高端市场向更多其他市场对机会进行反向排序，比如特斯拉公司认为销售高端电动汽车有助于其在其他市场板块推广电动汽车。

总之，领导者很容易理解机会排序的好处，但是付诸实践则

---

① 山地竞速又称山地跑，是一项在山地自然环境中开展的展现奔跑能力的运动，是非常理想的全民健身运动方式之一。——编者注

▶ 创造的成本：创新者的得失权衡

需要复杂的认知过程：领导者需要花时间来深入了解可以通过哪些方式对机会进行排序以及应该怎样排序。可能由于这个原因，成熟企业和创始人经验更丰富的企业会更频繁地给机会排序。

如何选择机会

抗拒易得机会的诱惑

坚持一些指导原则有助于合理地选择机会。首先是拒绝匆匆抓住容易得到的机会。当资金有限而企业又似乎能利用现有能力抓住并执行新机会时，企业领导者可能难以抗拒其诱惑。优步公司（Uber）曾经的首个非共享出行项目优步快递（Uber Rush）服务就是一个负面案例。共享出行大获成功后，优步公司认为自己已经可以挑战联邦快递（Fed Ex）、亚马逊物流和莱德物流（Ryder）等物流巨头了，于是很快不再推广自行车配送调度员网络，而是利用其现有应用程序（APP）和资源为零售商提供快递。优步公司时任首席执行官特拉维斯·卡兰尼克（Travis Kalanick）告诉《名利场》（*Vanity Fair*）杂志记者："如果我们能在5分钟内给你提供一辆汽车，我们也可以在5分钟内给你提供任何东西。"该项目投放市场后，该企业和一些知名零售商[如声田（Shopify）、诺德斯特龙（Nordstrom）、迪克体育用品（Dick's

▶ 016

Sporting Goods)、哈里斯·蒂特（Harris Teeter Supermarkets，美国超市）以及到家网（Delivery.com，跨境电商物流服务商）等]签约，其目标是在消费者下单后，能够快速向消费者交付商品。

乍一看，优步快递似乎需要具备和优步公司的网约车服务类似的资源和能力。如果优步公司在评估这个机会时更深入一点，其领导者就会发现这些新业务之间的决定性区别：例如，和出行需求相比，人们对日常交付的需求大都不那么着急；优步快递提供的自行车信使和私家车服务并不适合用于满足很多企业的交付需求等。正如一个优步公司前员工所说："城里人说送东西，其东西通常指鲜花和干洗衣物等。"换言之，优步公司的丰田普锐斯（PRIUS）汽车不适合运送酒宴食品、家具这种大件物品，因此以优步公司当时的实力，其实无法把握好这个机会，优步公司当时只能提供其确定能完全控制的服务。然而优步快递却需要设计并实施一个独特的一次性交付网络，在这个网络中，企业合作伙伴可能想要更好地控制。经过一年半的努力后，优步公司终止了优步快递，而当初优步公司曾立下豪言，说该项目将改变整个物流行业。经过这么长时间，优步公司领导者的教训是什么？是不要贸然捕捉容易得到的机会。

看长远一点

领导者应该问自己：正确的机会是什么样的？这个机会对我

▶ 创造的成本：创新者的得失权衡

抓住未来更多机会有什么帮助？牢记以下机会排序经验：了解不同机会之间可能发生联系的先后顺序，一个机会能不能帮助你抓住另一个机会？第一个机会能不能帮助你了解下一个机会，能不能让你在将来获得更多的客户？

考虑所有选择方案，而非眼前的方案

考虑所有的选择，要考虑一些标准，诸如机会的大小（这个机会是否足够大，是否值得你投入时间）、可实现性（企业是否拥有或者能够具备获得该市场的能力）以及竞争程度（有多少竞争者）。很多管理者在追逐机会的过程中会犯一些错误，要么选择的机会太小，不值得投入时间，要么太大，超出其能力范围，或者竞争太激烈。纳斯达克公司（Nasdaq）就犯了第二种错误。纳斯达克公司在 2015 年进入能源期货市场，主要是因为当时高盛、摩根大通、摩根士丹利和其他企业请求纳斯达克公司围绕能源交易开展创新。这些企业认为纳斯达克公司最多能够将全球最大的能源期货合约的交易成本降低 50%。由于听信该观点，同时对这个机会感到兴奋，纳斯达克公司时任首席执行官鲍勃·格雷菲尔德（Bob Greifeld）宣布推出纳斯达克期货交易所（NFX）业务，其首要目标是打入被美国芝加哥商品交易所（CME）和美国洲际交易所（ICE）主导的能源市场。CME 和 ICE 积极联手和纳斯达克争抢市场份额，现有交易者已被锁在其他市场，而纳斯达

克公司在能源领域经验不足，交易者不愿意转向NFX。结果并不意外，纳斯达克公司最终以高昂的代价退出该业务。

年轻企业更有必要选择战略主义而非机会主义。通过考虑每个机会的特点及其和其他机会之间的联系，初创企业就更有把握克服其固有不足——例如资源不足和缺少业绩——从而不断积累经验，提升可信度。多宝箱公司（Dropbox）就是通过这种方式在企业市场取得信任的。其创始人发现，由于决策过程复杂，并且有众多"守门人"，进入企业市场的难度较大，于是他们专注于门槛较低的个人文档存储市场，以建立最初的业绩和可信度。创始人之一德鲁·豪斯顿（Drew Houston）解释道："我们的理念是让人们无须信息技术授权即可使用企业内部文档，等到信息技术发现多宝箱需求量很大时就好办啦，我们会申请在企业之间使用多宝箱，这个方法对无线通信设备和黑莓设备很管用。我们创业的入市战略是：以个人用户为突破口。"

如何执行机会

一旦选择了很容易和未来机会联系起来的机会，切记执行该机会的整个过程中需要灵活、迅速的互动式学习。尽管选择相似产品并形成统一做法，有助于提高效率，但我们经研究发现，继续强调常规活动，可能会影响企业调整自我并从失败环境中脱身的能力。

首先领导者应该设计一系列试验来测试客户需求，随后快速调整供应内容来满足其需求。在进入新市场时，我们发现很多客户能够大幅度改变其产品和业务模式，甚至从软件改为硬件，或者从提供内容改为转售内容，有些出色的战略主义者能够在初次试验后拒绝明显具有吸引力的机会，这是因为他们比机会主义者更少感到后悔。战略主义者深知自己经过深思熟虑，从各种机会中选择了最佳机会，因此更愿意在执行机会的过程中调整自己。

很多情况下，领导者执行机会有赖于：①定期与客户沟通；②面对不利结果，乐于调整自己，而不是指责或者开除销售团队。例如，一家新加坡企业希望帮助客户管理信息安全风险，创始人设计了进入不同国家和地区市场的顺序，根据该顺序，在进入海外市场的不同阶段，最有吸引力的国家和地区不一样。其中一个创始人表示："企业创立之初，我从新加坡和中国起步，因为我认为以二者为起点能够占据亚洲更多市场。"创始人很明显想要根据这两个据点，逐步扩张到马来西亚市场等。进入马来西亚市场后，国别经理试图推广其核心服务——全天候安全监测。但是他很快发现，马来西亚的科技基础相对较弱，销量增长较慢。尽管马来西亚客户认为全天候安全监控很重要，但他们首先需要基本的安全基础设施。管理者因此决定放弃其安全监控产品，转而生产新的安全基础设施产品，一个管理者表示："马来西亚是发展中国家，大量的安全基础设施尚未建立起来，没有防火墙和入侵检测系统（IDS）我们就没法监测。我们因此有大量机会参与安全系统整合等业务，从而帮助客户建立防火墙和入侵检测系统基础设施。"

审视机会

如果你选择机会时有点投机心理，而执行机会时又过于死板，那么应该怎么办？你怎么知道你是否需要改进选择和执行机会的方式？我们建议围绕以下几个问题审视机会：

● 你当初为什么会选择目前追逐的机会？

● 如果从头再来，你会选择哪些机会？合理而有效的机会顺序是什么样的？

● 你目前的努力有什么结果？表现不佳最常见的原因是什么？如何避免为失败找借口？

● 如果企业面临破产，你会保留哪些机会，放弃哪些机会？

问完自己这些问题后，不要害怕做出大的改变。投资于错误的对象是一种常见困境，对于感觉是自身原因导致失败的项目，人们倾向于继续增加投入。而更理性的选择是放手，并且在下一次选择机会时更慎重。这种选择看似违背直觉,但能培养你执行机会时需要具备的灵活性。

本章小结

很少有人意识到机会的捕捉包括选择机会和执行机会两个阶段。通过给机会排序加强选择机会的专注度和原则性,可以提高执行机会的灵活性。相反,在选择机会过程中缺乏原则性,不利于学习和调节(见表 1-1)。捕捉机会时少一点专注、多一点灵活,这有助于企业在集中精力的同时留出改变的余地。

表 1-1 如何管理机会

不要这样做	要这样做	好处
对机会捕捉不进行深入思考	意识到机会有两个阶段:选择机会和执行机会	在战略决策过程中更有针对性、更谨慎
在选择机会时随意采取行动	在选择机会时更专注	在执行机会时更灵活
为应对无法预料的新的客户需求而选择机会	分析机会及机会之间的联系时坚持原则	更好地学习;加强合理性和信任

续表

不要这样做	要这样做	好处
追逐不值得投入时间的小机会、超出自己能力范围的大机会，或者竞争过于激烈的中等机会	思考所有机会，考虑机会的规模（即机会是否足够大，是否值得你投入时间）、能否实现机会（即公司能否捕捉该市场？）以及竞争程度（即竞争对手多不多？）	获得整体一致性，这有助于统一行动和累积性学习，从而改善业绩

第二章
平行游戏：为什么常规的竞争和战略规则不适用于新兴行业及产品类别

近二十多年出现的新市场数量之多前所未有，云服务、仓库机器人和智能手机重新定义了各个行业，传统商业类型已经过时。从商业无人机、无人驾驶汽车、虚拟现实和增强现实，到植物肉，目前仍旧不断涌现的创新，意味着在不久的将来，仍是一个创造市场的时代。

在新市场上，界定企业战略的问题通常是"去哪里"以及"怎么赢"。这两个问题不太好回答。预算充足的大型企业可能会发现自己被"莽撞"的初创企业战胜了。今天胜利明天就有可能失败。贝宝公司（PayPal）目前是美国在线支付巨头，但是早些年，支付市场老大其实是一家叫作票点（Billpoint）的公司。"基因寻亲"公司（23andMe）率先引领个人基因组市场，但是到底谁会成为这个市场的主宰，尚且需要人们拭目以待。

想象一下新市场上的拓荒者们好像进入了一个陌生地带，看不见路标，没有可靠的导向工具。但是我们对新市场上成功和失败模式的研究，已经揭示了一些出乎意料的东西。

从个人基因组、增强现实、无人机，到金融科技，近年来我们采访了数千名企业家和企业创新者，发现这些拓荒者中最成功的人都遵循着一套未曾言明的规则，并且有共同的特定行为。这些规则和行为通常和传统的战略和企业经营准则不同。我们认为它们共同构成了一个新的战略框架，能够为新市场上的其他创新者指明方向，并且使其化险为夷。本章探索创新者的商业模式，并且处理令人困惑的一对冲突，即差异化（努力形成区别于竞争对手的特色）和借鉴（故意采用或者模仿其他企业的想法），概述聪明的领导者在建立创新型商业模式的过程中，如何寻找模仿内容及模仿对象。

传统战略之外的选择

根据传统商业观点，战略的本质是选择实施和竞争对手不同的活动。不管想要建立的优势来自哪里，成功的战略能够让企业提供高于其他竞争对手能提供的某种价值。例如，更有效地为某类客户提供服务，或者以更低的成本提供更多的好处。战略主义者的任务就是确定目前和潜在的竞争对手，然后以智谋取胜。受这种思维模式的影响，风险资本家会要求初创企业的创始人列出其竞争对手名单，并且说明计划如何让自己区别于这些竞争对手。

但是在新市场上，这种方法收效甚微。当一个市场或者业态尚在形成阶段时，领导者很可能无法知道，对于客户而言哪些区别点有可能最重要。另外，这种竞争通常包括同样在黑暗中摸索的小型初创企业，导致根本用不上传统的战略框架。在迈克尔·波特（Michael Porter）的经典模型"波特五力模型"（Michael Porter's Five Forces Model）中，有五种力量影响竞争环境：现有竞争对手的竞争能力、供应商的议价能力、客户的议价能力、替代品的替代能力以及新进入者的竞争能力。这些力量不断变化，并且可能突然出现或者消失，在这种情况下分析这五种力量似乎效果不佳。波特深知这一点，他写道，在新行业中，"管理者面对高度不确定性，包括客户需求、客户最渴望的产品和服务以及交付它们所需的最佳经营活动布局与技术。"

根据定义，成熟企业拥有成熟的商业模式，它们知道如何在既定空间创造价值，并且首要战略问题是如何在此过程中赢得竞争。但是在新市场上，企业不知道哪种商业模式真的起作用，很多企业甚至无法回答一些老问题，比如"客户是谁""客户在乎什么""我们如何以适当成本提供这种价值"等。他们可能会猜测，但是不知道猜的对不对，早期的共享出行业务就是一例。2012年年初，优步公司提供由持有商业驾照的司机运营的黑色高档轿车，并且收取高额费用，"拼车"（Zimride）是一项针对大学和企业的汽车资源匹配服务企业,还有一家叫"边车"(Sidecar)的企业尝试提供多乘客多站点搭车服务,其特点是司机持有普通驾照,如今这几种新兴企业无一能做到毫发无损。

由于新市场存在不确定性,因此需要另一种战略思维观点,我们称之为"平行游戏"。你可能想象不到,平行游戏的灵感其实来自儿童。儿童心理学家早就知道,三四岁的孩子在社交情境中的行为方式很特别:他们会在别的孩子旁边玩,但是不和他们一起玩。他们留意别的孩子在做什么(有时候会模仿别人),但是很快会转向自己的游戏(比如搭积木),偶尔还会抢走其他孩子的玩具。其中相对早熟的孩子可能会定期停下来评估自己的作品,然后稍微改进一下方法继续玩。在实现自己的目标的过程中,三四岁的孩子尽管注意到其他孩子的努力过程,但他们主要专注于自己的活动,并且专注于思考哪种活动有效。

我们请新市场上的管理人员描述他们在其所在企业和行业演变过程中采取的战略步骤,结果发现了一些模式,随后将其与相应的企业发展进行对比,最终发现新市场上成功的拓荒者的行为和儿童的行为有惊人的相似之处。成功的拓荒者了解其市场和客户,了解哪种方式很可能管用,这和儿童在玩耍时四处走动以观察别的孩子的行为很像。

平行游戏如何让企业出类拔萃

当你不太了解情况时,平行游戏是一种正常行为,以下3种平行游戏尤其能帮助新市场上的企业,从表现平平的竞争对手中脱颖而出。

(1)在早期忘记差异化,借鉴别人的思想。儿童在一起玩耍的时候会观察彼此,这比自己一个人玩能学到更多东西。儿童通常会模仿别人,并且借别人的玩具,但是他们很少花心思去超越别人。新市场上成功的创新者也经常借鉴别人。还是以拼车为例,Sidecar公司决定通过单一乘客单一站点拼车,替代多乘客多站点拼车模式,从而减少其固有的复杂性。司机可以用自己的车,系统会在应用程序中提供电子支付、定位导航等功能以及司机打分系统。大家一下子都觉得这些价值创造方式非常合理。Zimride公司(后更名为来福车,英文名为Lyft)的服务高度模仿Sidecar公司,优步公司紧跟其后,建立了点对点(P2P)服务,后来称为优步X(Uber X),以区别于其企业的黑色高档轿车服务。

精明的借鉴者会成为胜利者,否则会成为陪跑者。1999年,谷歌公司创始人拉里·佩奇(Larrey Page)和谢尔盖·布林(Sergey Brin)意识到,自己开发了一种超过当时所有其他搜索技术的搜索引擎,但是他们不知道如何用其获利。通过展示广告来获利不在考虑范围内,因为佩奇和布林认为展示广告太难看了,并且下载广告的时间太长。但是谷歌公司当时正在损失大量现金,经过观察,两人决定借鉴速查网(GoTo.com)的策略,该网站也是一个搜索引擎网站,它允许广告商付费购买搜索结果中的重要位置,但是只有在用户点击广告后才收费,该业务给其带来大量收益。谷歌公司于2000年推出新产品"广告栏"(AdWords),在保持搜索一致性的同时,广告商可以购买显示在搜索结果上方的小文本框广告。和速查网一样,谷歌公司也是按广告点击量收费,浏览免费。

借鉴法不符合传统战略对差异化的重视。传统战略主义者认为,差异化是避免恶性价格竞争的关键,但是在新市场上过早追求差异化,可能将企业领入盲谷。我们认为更有效的办法是将市场上的其他企业视为伙伴而非竞争对手。在采访新兴金融科技行业内企业的管理人员时,我们发现有家企业过于专注其自身的差异性,开发了一个华而不实的用户界面,以及研发了直接从经纪业务账户抓取数据的专属算法,共斥资数百万美元,为此几近破产。与此同时,它的一个竞争对手却参考了一个同行的用户界面,而不是斥资开发自己的界面,然后选中曾受聘于其他金融科技企业的一个金融分析供应商,使其获取共享经纪业务数据。通过借鉴,这家企业很快以低成本开发出其产品的有效原型。

当然,借鉴不太可能形成最佳商业模式,而形成最佳商业模式是新企业的根本任务。把同行视作思想和资源宝库,不一定能做出让所有客户都认为优于现有解决方案的产品，也不一定能找到提供该产品的最佳赢利机制，但是借鉴通常能够减少设计出目前最佳产品所需的资金和时间。二次学习能够让领导者通过最大限度减少直接试错学习、减少惨痛教训的数量和严重程度，在商业模式的假设测试和其他方面上集中更多精力。借鉴还有助于领导者抵御直接"硬拼"提出最优解决方案的"诱惑"，在全新市场上这既不现实也没有必要。和追求完美的解决方案相比，在早期阶段快速评估简单的原型产品，在亲身实践中学习通常更有用。

诚然，领导者借鉴来的想法可能存在缺点，但是只要其专注于如何在赢利的同时向客户提供价值，他们就有可能理性而精明地判断某个想法是否合理。同时，如果同行的很多领导者都在做同一件事，则这件事很有可能是有必要的，例如前文所述的多家金融科技企业均选择同一家金融数据经纪商。

这并不是说新市场上的领导者不应该追求差异化，我们认为领导者最初的竞争重点应该始终是现有替代品，即客户目前使用的产品，而不是其在新市场上的竞争对手。Zimride 公司将自己视作出租车企业的竞争对手，最终想要获得自己在出租车行业的市场份额。谷歌公司的目标之一是取代传统的广告。我们研究了取得成功的几家金融科技企业，它们则将成熟的投资和理财企业视作其真正的竞争对手。在向潜在客户和投资者提供的资料中，这些企业均表示自己优于传统的理财指导企业,几乎忽略了其金融科技同行。一家企业的创始人想起此事时,说自己更喜欢"注重游戏过程,而非别的玩家"。

早期时关注成熟替代者,有助于领导者形成现实的价值定位。在竞争对手企业有可能拥有较少客户的阶段,成熟替代者已经向客户提供了价值。正如一家金融科技企业的创始人所言,将成熟替代者视作真正的竞争对手,能够阻止其团队"担心不必要担心的事物"。在实践中可能难以抓住这个重点,因为很多风险投资者要求对其他初创企业设立基准,但是聪明的投资者和创始人会通过其他方式来衡量企业发展进度。种子轮风险投资企业闸门(Floodgate)[曾投资推特、来福车和克鲁斯汽车(Cruise Automation)]的一名合伙人安·三浦-高(Ann Miura-Ko)表示:"在早期阶段,我们寻找见解独特的企业,也就是敢于挑战传统观点的企业,而不是比竞争对手优秀的企业,重点不在于涉足别人的领域。"

(2)不断测试,然后全力以赴。儿童玩游戏时,通常会尝试各种内容,然后才会专注于自己最感兴趣的那一个。如今很多企业通过试验和测试促进创新,也仍有很多企业依然会在测试不充分的情况下盲目发布项目。但是我们发现在新市场上,除了进行测试并且了解市场反馈,表现好的初创企业还会根据测试结果选择单一模板来创造并捕捉价值,即进行变现,并且仅将其稀缺资源用在这里。

这种方法和传统的战略观点不同,即在不确定的市场上,无法证实成本保持专注以及随后的灵活性丧失。但是我们研究发现,专注是成功的关键,前提是企业在此之前测试过其他可选的商业模式模板。稍微逊色的企业要么不经测试盲目专注(通常会错失获利更多的机会),要么在多个模板之间徘徊不定。

波本之约(Burbn)是一款支持附近用户相互联系、安排约会,并发布约会照片的应用程序,其曾被人们认为"过于复杂,不利于用户使用其大部分功能"。创始人凯文·斯特罗姆(Kevin Systrom)开始运行测试,并且发现了一个模板,这个模板捕捉了用户真正想要的东西,最终形成了一个以照片分享为主的商业模式。斯特罗姆加大投入,使波本之约能够通过3次点击发布优质照片,并且放弃了其他所有功能,随后将其更名为"照片墙"(Instagram)。后来斯特罗姆还借鉴色拉布(Snapchat)的"快拍"[①]功能,将其嵌入Instagram。

某笔记应用软件开发企业则是一个反例。某笔记应用程序最初是一款简洁的记事本应用程序,随后由于投资者强烈希望将其打造为一个生活方式品牌,该企业开发了一款聊天应用程序、一款食谱应用程序、一款联系人管理应用程序,还有一款识字卡应

---

① 英文为"story",为只能留存一段时间的短视频或照片。——编者注

用程序,还开发了基于免费增值模式(即免费提供一款基础产品,从而引诱用户付费购买高端版本)的应用程序以及在线销售商品的服务。尽管某笔记应用软件开发企业一开始的想法很好很实际,但是未能专注于一个模板来创造并捕获价值,最后以失败告终。

对于新市场上的企业而言,选择模板是前进道路上关键性的抉择。让我们看看贝宝及其新兴的数字支付行业竞争对手的经历。数币通(E-Money Mail)和票点都与老牌银行建立了密切的合作关系,其目标是反诈骗;二者均限定了自己的市场:经过不到一年的运营,数币通仅向美国第一银行(Bank One)的客户提供服务。与此类似,易贝收购票点后,不鼓励在易贝自有拍卖网站之外使用票点服务。两家企业的管理人员均认为,要取得客户信任并且将欺诈导致的损失控制在可控范围内,就必须与银行建立密切联系,同时必须限制客户基础。而贝宝领导者另辟蹊径,他们专注于一个面向所有人的基于网络的开放、独立模式,并且通过测试发现相较于严密的反欺诈控制,用户更在乎产品的易用性。由于专注于其商业模式,贝宝能够通过各种方式创新,而其另一条路上的竞争对手从未考虑过这个问题。

(3)止步、观察、改进。儿童的平行游戏常常涉及制作东西,例如沙堡或者布娃娃的衣服。我们以前发现,有些孩子会定期停下来反思自己的作品。我们观察发现新市场上部分表现好的创新者也有类似的行为：采用常规方法创造价值并捕捉价值以后，他们会停下来观察四周，然后才确定这种商业模式的具体内容。

这一步可能是我们对传统战略理论提出的最大挑战之一，因为几乎所有传统战略理论都认为，全力以赴和全速前进是一回事。在典型的低收益初创企业中，企业家和企业创新者想要识别潜在客户、精准确定这些客户看重什么，并且积极优化其经营活动，以便通过向客户提供相应价值来赢利。理论上如果某些事情偏离预期，初创企业可以迅速转向一种新的商业模式（"快速失败"）。但是在不断演变的市场上，过早尝试完善一种商业模式会产生问题，即便完善后的商业模式看似运作良好。由于战略转变通常涉及解散并重组这种商业模式的某些方面，因此可能成本很高、难度很大，并且耗费时间（第八章将探讨更有效地管理战略转变过程的策略）。我们发现，在通常情况下，领导者最好刻意为商业模式留一点不确定性。成功的领导者一开始会明确其商业模式的基本要素（例如一款有些客户可能认为优于现有解决方案的产品以及提供该产品的资源），同时并不明确其他要素（例如一整套产品特色以及将其交付给各客户群的机制）。换言之，他们专注于寻找一种创造并捕捉价值的单一模板，但是并不急于完善。图2-1总结了本章探讨的企业的3种平行游戏行为。

创造的成本：创新者的得失权衡

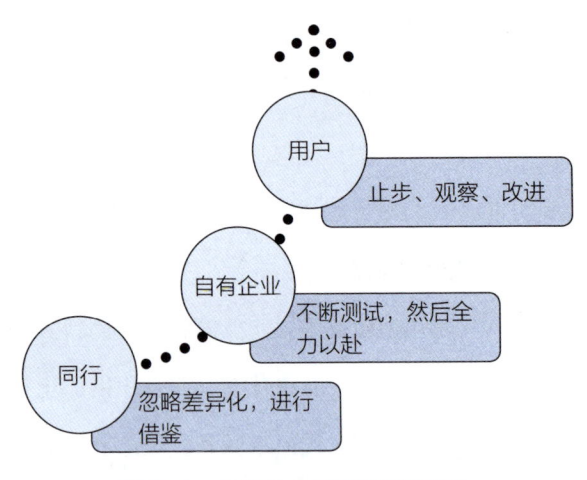

图 2-1　企业的 3 种平行游戏行为

（用户：止步、观察、改进；自有企业：不断测试，然后全力以赴；同行：忽略差异化，进行借鉴）

多宝箱公司早期的经历可以让我们深入了解小心等待的好处。它支持客户在任何一台计算机上通过一个简单的拖放界面即时获取文档，这为客户带来了巨大的价值。一开始该企业专注于一款易用产品以及一个用于捕获其应用程序部分价值的免费增值模式。有意思的是，该企业突然停止向客户（尽管他们当时是多宝箱最主要的用户）定制其产品，同时突然停止围绕其最初、最主要的功能，即备份文档，建立业务。凭借其强大但未成形的模式，多宝箱公司既能够满足其他客户的需求，即分享文档与协作，也适用于高利润的新客户群——企业。2018 年多宝箱公司申请上市时，1100 万名付费用户中，约有 30% 的用户参加了多宝箱企业团队计划。

任何新市场都有可能存在惊喜，即存在无论做多少次测试都

036

无法揭示并预见的客户和产品用途。部分内容经过精心策划但是不完善的商业模式，有利于创新者根据其可能无法预料的新的有用信息对其做出调整。正如一名金融科技投资人所言："我们施加的限制越少越好，因为限制越少，采取应急行为和发现新事物的空间就越大。"开放式商业模式还有助于领导者根据市场变化逐步改进其活动。在新兴市场中，用户偏好会随着用户意外接触创新内容而发生变化。例如手持超声设备先驱索诺声（Sonosite）创建了一个网站，医疗服务供应商可以在该网站中共享使用超声听诊器的方法。通过该网站，索诺声公司发现了一些意外的客户和产品用途，例如护士在扎针前使用超声听诊器定位血管，医疗志愿者使用超声听诊器为儿童诊断心脏疾病。根据这些发现，索诺声公司开始优化其商业模式。

新市场上充满了被其最初商业模式困死的企业。申普公司（Shyp）就是一例，该企业的目标是以 5 美元（含运费）的低价为客户寄送包裹。有段时间企业增长迅速，估值达 2.5 亿美元，随后增速下滑，直至遭受亏损。但是他们并没有停下来探索其他的潜在价值来源，例如为企业发货。相反，创始人凯文·吉本（Kevin Gibbon）及其团队继续"狂奔"，申普公司最终于 2018 年宣告破产。在优化商业模式前能够停下来、在等待和观察中学习的企业领导者比其他类型的领导者更有可能产生超出预期的洞见。如果停下来的代价较小，风险也会相对较小。当团队学习能力下降或者似乎要被同行赶超的时候，领导者可以欣然优化其企业的商业模式。在暂停期间搁置的活动仅仅与商业模式的设计有关，常规的日常经营活动（可能包括营销）则不受影响。

我们来看看时装租赁这个新兴市场上的初创企业租时尚（Rent the Runway，RtR）的经历。创始人珍·海曼（Jenn Hyman）和珍妮·弗莱斯（Jenny Fleiss）一开始的愿景是打造"云衣柜"，女性可以在该平台上租赁高档服装参加婚礼等。为了检验这一愿景的可行性，她们邀请了140名女性分别参加两场临时活动。通过这些测试，她们了解了潜在客户，并且洞察到一些外围问题，例如女性是否愿意独自租赁衣服等。

尽管一开始该业务就广受欢迎，但是该企业还想扩大产品范围。预订饰品和手包业务不温不火，创始人随后开始谨慎等待，她们还密切关注其客户想要通过什么方式使用 RtR 的服务。她们发现大部分客户每周上班5天，她们不仅仅想要在工作场合穿的服装，还想要有设计感的通勤服。于是 RtR 向该方向扩展业务，结果如其所愿地实现增长。成熟市场上的企业向来通过获得客户洞见带动创新，新市场上的企业也可以这么做。

于是有必要提问：为什么在新市场上，应该专注于一个商业模式模板，但是不应该立即全面执行该商业模式？答案是，投资于两个或者多个不同的商业模式，很明显过于复杂，并且成本过高。但是一旦开始专注于单一的商业模式，领导者就能够调整其优化该商业模式要素的节奏,并且通过积极学习获得意外的洞见。

本章小结

学习新市场战略方法,并不意味着应该放弃传统的战略规则。有的行业在短短数年间会有天翻地覆的变化,在每个新市场上都会出现少数优秀的企业。RtR 所处的市场如今竞争越来越激烈,初创企业和成熟经销商均开始涉足预订服装服务,因此 RtR 可能需要放弃其平行游戏方法。初创企业会成长,其开拓的市场有很大可能会成为成熟行业,到时候其中的企业必须遵守传统战略法则,并且专注于竞争。每一个想要立于不败之地的企业,最终都得有一个或者多个自己的特色。

经营环境对在新市场上创新的领导者来说十分陌生,但是极具吸引力。正因如此,其中最成功的领导者就像儿童,他们参与平行游戏,不断借鉴、测试,并观察四周的情况(见表 2-1)。

表 2-1 在创新商业模式下,如何玩转平行游戏

不要这样做	要这样做	好处
在新市场上一开始就追求与竞争对手的差异化	借鉴同行的想法,将成熟替代者作为竞争重点	形成现实的价值观,因为在早期阶段,竞争对手的客户通常比较少,而成熟替代者已经开始向客户提供价值了

▶ 创造的成本：创新者的得失权衡

续表

不要这样做	要这样做	好处
以多种商业模式模板分散筹码	快速测试可选的商业模式模板，然后专注于一种商业模式模板	困惑更少，专注度更高，稀缺资源的配置更好
过早尝试完善商业模式，即便这种完善看似有效	止步、观察、完善，同时刻意为你的商业模式留有一定的余地	获取意想不到的信息，根据市场变化逐步改善经营活动

● ○ ● **第二部分**

指引行动

第三章

依赖还是忽略数据：如何通过选择性忽略数据实现突破性创新

奈飞公司的成功始终离不开其巧妙的数据分析。该公司的垂直一体化平台，为其经理提供了一个揭示超过1.8亿用户浏览习惯的窗口，他们知道人们目前正在看什么内容以及看了多长时间，知道用户何时暂停或者回放影片，知道用户看完整部电视剧需要花多长时间。他们跟踪用户的评级、搜索和浏览的习惯，非常谨慎地分析电影的内容，并且为其打上带有元数据的标签，以标明其动作、浪漫、幽默和剧情评级结果等。人们普遍认为，这些元数据和客户浏览习惯数据的结合，再加上奈飞公司根据用户偏好推荐影片的算法，使得该公司在竞争潜在大片的播放权的过程中独具优势。另外，据说该公司斥资一亿美元制作的首部原创发行电视剧《纸牌屋》(*House of Cards*)的大获成功也是如此。当初其他竞争者想不到客户会喜欢以华盛顿区为背景，并且充斥着金钱和权力的政治权谋剧，但是奈飞公司对这部影片很有把握。

奈飞公司还有一件更有趣的事情，只是知道的人不多。当时数据预测电视剧《怪奇物语》(*Stranger Things*)会失败，但是奈飞公司依然批准出品。当时有数据显示,以儿童为主题的电视剧不怎么受欢迎,包括20世纪80年代的怀旧片以及演员薇诺娜·瑞德(Winona Ryder)参演的电影也如此。但是奈飞公司出品了《怪奇物语》——这部主角为儿童、背景时间为20世纪80年代、薇诺娜·瑞德参演的电视剧——其后来成为奈飞公司最火爆的作品之一。

这到底是怎么回事?原来奈飞公司作为数据驱动企业的公众形象具有误导性:在创新过程中,它并不完全依靠数据。数据分析、放映模型以及成本分析的确是奈飞公司决策的核心,但也并非唯一考量因素,尤其是在评估真正新颖的项目的潜力时。奈飞公司首席内容官泰德·沙兰多斯(Ted Sarandos)对此解释道:"数据要么加强你最糟糕的观念,要么支持你的想法。"[①] 他还说,如果管理者对某个新项目格外感兴趣,有时就会完全忽略数据,而企业则会批准这些项目。作为公认的数据驱动决策的典范,奈飞公司的这种做法让人意外。

[①] 例如有学者于2002年发现,在回答两个德国城市中哪个城市人口较多时,使用"快速简单"认知启发式的实验参与者的表现优于其他实验参与者。

数据分析的地位

我们生活在一个数据分析的黄金时代，数据平台、无线传感器、应用程序和智能手机均聚集了数量庞大的数据，数据的数量每几年就会翻倍，计算力在迅速增长，捕捉、存储及处理数据的成本则在下降。脸书、亚马逊、奈飞和谷歌这几个科技巨头的经历，进一步证明了数据分析在释放企业巨大潜力过程中发挥的主导作用。

在此背景下，管理者专注于生成数据来描述其领域，并且越来越趋于精细化。一项业务刚启动不久就开始生成各种数据，如销售、成本、客户、运营、产品、竞争对手的相关数据。当内部生成数据不足时，管理者会从日益增多的信息汇集企业处购买数据集，后者的商业模式则以买卖未经整理的数据或者非结构性数据为基础，这些数据是此类企业通过监测网页浏览者采集而来的，它们也买卖总结并预测流行趋势的交易报告。除了这些数据集，信息汇集企业还提供一些预测趋势的简化模型。

人们普遍认为，领导者应该根据这些可汇集到的数据做出决策。不知道该开发哪款产品？不知道如何进行产品定价？不知道该投入多少资金？看数据就行了。很多管理者认为，在未来前进的道路上，数据是最客观、最值得信赖的东西。该战略自然会产生效果。但是当你的跨度非常大时，比如进行突破性创新，则需要采取一种完全不同的方法。这时数据非但不那么管用，反而会碍事，因为突破性创新本身就是非常规的。沙兰多斯曾说："你得非常小心，别被数学困住了。数据只能告诉你过去发生的事情，无法告诉你未来将要发生的任何事情。"

沙兰多斯的意思并不是说数据预测未来的效果一直很差，而是说在稳定的环境中，数据能够越来越准确地预测渐进式进展。他的意思是，开创性创新有可能与过去完全分开，而数据虽然能够准确地描述过去，但是不应该对未来可能发生的事情施加限制，即便是与偶然联系有关的数据。观众不喜欢看与20世纪80年代的小孩有关的电影，在《怪奇物语》播出前，这个数据的确没错，但是该电视剧的播出让20世纪80年代主题影片又火了起来。

评价潜在的突破性创新需要更精细的方法，而不是直接依赖数据。那么追求突破性创新的领导者该如何面对数据呢？本章将以几位卓越的科学家为例，和卓越的创新者一样，卓越的科学家能够推动科学进步，并开创新路径，他们相信一些备受争议的思想，而正是这些思想最终改变了其各自领域的范式。他们的成果表明，就和在创新领域一样，在科学领域要实现突破，就要经常对数据持一种怀疑态度，而不是持（企业中盛行的）顺从姿态。

为什么有的科学家忽略反面数据

几年前社会学家埃里克·雷弗（Eric Leifer）在《否定数据：向科学成就学习》(Denying the Data: Learning from the Accomplished Sciences)一文中，详细说明了忽略数据这种科学事实。雷弗指责其社会学家同行"屈从"于数据，这里的"屈从"是指在没有意识到并且没有质疑数据固有局限性的情况下采纳数据。即：当数据不支持某个理论时，很多社会科学家并不思考这个数据是否适用于评估这个理论，而是认为该理论是错的。他们依赖数据，说："你总不能质疑数据吧！"这些社会科学家普遍认为数据证明理论是错误的，并且孜孜不倦地逼近真相，结果用数据否定了可能合理的理论。

雷弗指出，像伽利略和爱因斯坦这种卓越的科学家，可能对解释现有观点并不感兴趣，他们要建立一种以前从未发现的效应或者对象。在有些情况下，这些科学家更特别：他们坚持自己的理论，忽略数据，甚至忽略与其理论不符的实验结果。

在物理学等成熟的科学领域内，科学家以某种理论为出发点，因此不容易被不符合理论的数据左右，一旦有了突破性的重大想法，物理学家可能会忽略数据。爱因斯坦对世界的运作方式就有一套自己的设想，最后提出了相对论。他著名的"思想实验"证明光受重力影响，在实验中他想象物理作用的结果，当时并没有数据支持该理论,而有限的数据则表明光并不受重力影响,爱因斯坦并未利用已有数据,而是忽略了已有数据。为了形成支持爱因斯坦的理论的数据,工程学耗费了几十年时间来创造实验条件。伽利略同样热衷于思想实验,很明显,他对实际实验得出的数据不感兴趣。据说他承认并没有进行某些支持自己理论的实验:"我不需要做实验,因为我不需要任何经验来验证我的观点。"

在《科学革命的结构》(*The Structure of Scientific Revolution*)一书中,科学哲学家托马斯·库恩(Thomas Kuhn)提到,遵循数据并不能产生看世界的新范式。新范式基本上也不能依靠数据,因为科学的进步并不是一个积累的过程,而是从一种范式前进到另一种范式。例如,爱因斯坦并没有直接改进已有的牛顿方程(即根据物体的质量计算其引力),而是提出了一种思考宇宙的全新方式,通过时空扭曲来解释重力。这颠覆了科学思考过程的整个根基,是一种革命性的转变。爱因斯坦、伽利略等科学家往往在建立一种新理论之后,才会出现支持该新理论的数据。

产生商业创新的过程似乎和科学革命相似。乔布斯推出麦金塔(Macintosh)计算机时,依靠的是他自己的技术理论,而非数据。在 20 世纪 80 年代初期,并没有数据显示对小巧的台式计算机会有如此巨大并且无法满足的需求。在推出苹果平板电脑(iPad)时,他同样采取一种忽略数据的思维方式。他并不在乎人们说自己想要什么,而是寻求创造一种前所未有的东西,一种人们想都不敢想、但是一旦看到就会想要的东西。他对《商业周刊》(*Business Week*)杂志记者说:"很多时候,人们并不知道自己想要什么,除非你把这件东西拿给他们看。"

需要强调的是,我们的目标并非抹黑数据分析,或者让大家质疑经过普遍证实的观点,数据分析取得的进步很明显可以大大改变企业、行业和整个社会。我们不主张领导者时常(甚至经常)忽略数据。在多数情况下,数据揭示的内容对领导者来说还是有用的,比如它们可被应用于改进经营、定价,甚至可被应用于评估增量创新①的结果。但是对于彻底的创新以及对于本质上具有突破性或者颠覆性的观点,依靠现有数据就不那么管用,巨大的进步通常始于一个宏大而巧妙的理论,随后才会出现支持该理论的数据。

本章的目标是鼓励对数据及其用途保持警觉,尤其是依靠数据来约束或者支持某类创新的领导者。我们详尽阐述领导者忽略数据意味着什么,以及何时需要忽略数据。我们建议领导者像爱因斯坦和乔布斯那样思考并做事,即突破"是什么"的局限,专注于寻求"有可能是什么"。

---

① 增量创新利用现有技术在现有市场基础上为客户提供更多价值。——编者注

▶ 创造的成本：创新者的得失权衡

💡 忽略数据

忽略数据意味着什么？意味着选择不被数据左右，而是有意将数据放到一边，向另一个方向前进。为什么？雷弗给出了答案，"物理和社会领域交织着冲突、意外和失败"。简单理论很可能无法体现这种无定型、不稳定并且混乱的环境。

秋天来了，叶子从树上落下来，有的掉在地上，有的在空中打转，有的被吹向远方。有的人不考虑重力理论，可能将这些运动轨迹归因于叶子与叶子之间本身固有的差异，将叶子的运动轨迹视作数据，这可能会导致他们忽略最主要的因素之一——重力。

同样，使用人们用随机样本得出的平均数据，可能并非接近真相的最佳方式。如果你想学习怎么才能跳好舞，你就不应该将星期六晚上跳舞的几对舞伴的运动路线取平均值，因为其中有些人彼此配合默契，有些人则总是踩到别人的脚。更有效的办法可能是不管他们怎么跳，丢下其运动产生的数据，而是用心想象优秀舞者应有的流畅度和对称美。因此我们可以忽略大部分显而易见的事物，而去寻找效果更好、更基础的东西。

卓越的科学家不一定会因为数据不支持而放弃正确的理论，卓越的创新者也不应该指望新颖、巧妙的突破性思想总会与从多变的世界中产生的数据保持一致。商界的突破很少依赖现成数据，影响深远的创新并不总是符合 A/B 实验[①]的结果。创新越反传统、反常态，管理者越要乐于在创新过程中忽略数据。

有的科学家和学者的成就，对我们了解表象背后的机制产生了深刻影响，他们确立自己的所知，然后推理得出更多可能正确的假说。在此过程中，他们忽略某些数据，同时积极创造条件来确认其理论的合理性，并且进一步探索。企业中的创新领导者可能下决心采取类似行为。维克托·迈尔·舍恩伯格（Viktor Mayer-Schönberger）和肯尼斯·库克耶（Kenneth Cukier）在其作品《大数据时代：生活、工作与思维的大变革》（*Big Data: A Revolution that Will Transform How We Live, Work, and Think*）中写道："数据无法点燃创新之火，再多数据也无法确认或者证实创新，因为这样的数据还不存在。"

💡 数据带来的麻烦

和卓越的科学家一样，卓越的创新领导者并不完全依靠数据做决定，他们主动利用数据。盲信数据会让正确的理论看似有误，

[①] 指比较一个产品的两个或多个版本，以确定哪一个版本最好。——编者注

▎创造的成本：创新者的得失权衡

甚至数据本身也有可能都是错的。至少有两种原因导致这种情况：首先，数据的数量是无限的，你选择关注的数据将影响到结果。总有人要决定采集哪些数据，如何组织并呈现数据以及如何解释数据。其次，从定义可以看出，数据是过时的东西，数据描述过去而非未来[①]，因此较少揭示未来可能的情况。没有永远可靠的数据，但是为了建立量化规则，数据的不可靠性通常会被忽略。

和雷弗的社会学家同行一样，有些企业领导者也制定复杂的数据战略，最后却发现这是在试图用数据证明超出数据支持范围的、更笼统的解释或决定。21世纪初，为了更好地用数据驱动产品决策，宝洁高度依赖一套被其称为加权购买意愿的标准。加权购买意愿累计数百名客户在使用测试产品两周后表示的购买意愿，而加权购买意愿统计结果优于市面现有产品的新产品则会被批准。该方法比较客观，管理层很容易达成一致意见，但是它也扼杀了创新，因为使用统计学显著性阈值无法体现出好产品和卓越产品之间的区别。管理者可能会对大样本运行加权购买意愿测试，从而得到统计学显著性，进而证明已发布产品只比现有产品好一点点。重要的是，消费者测试成了"勾选方框"的游戏，管理者依靠现成标准，而不去深挖客户喜欢或者不喜欢某款产品的

---

① 克莱顿·克里斯坦森（Clayton Christensen，哈佛商学院教授）曾在他的文章中提及过这一现象。

▶ 052

原因[1]，而有些大有前景的产品，则只是因为统计结果不达标而被否决。宝洁公司最大的突破之一——汰渍品牌就差点遭此劫难，好在尽管内部指标不理想，但有几位高层领导者对汰渍品牌充满信心，并且推进其商业化。宝洁公司不再盲信数据，而是以更全面、更具能动性的方法评估产品，这也是宝洁公司取得成功的重要原因之一。

在创新决策过程中，领导者何时应该反对依赖数据？或者说，在什么情况下忽略数据会有好处呢？我们提出两种情况（见图3-1）：

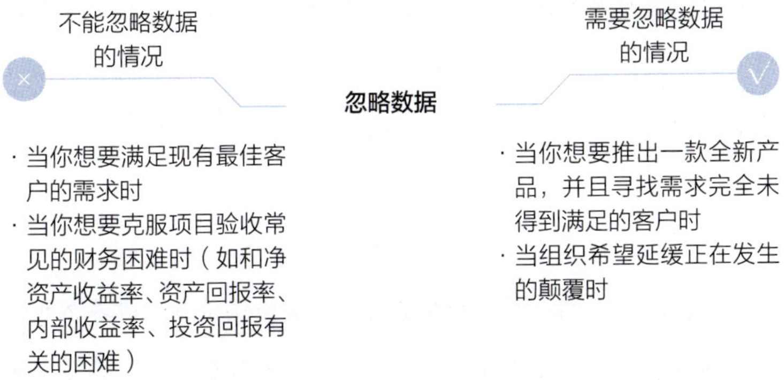

不能忽略数据的情况
- 当你想要满足现有最佳客户的需求时
- 当你想要克服项目验收常见的财务困难时（如和净资产收益率、资产回报率、内部收益率、投资回报有关的困难）

忽略数据

需要忽略数据的情况
- 当你想要推出一款全新产品，并且寻找需求完全未得到满足的客户时
- 当组织希望延缓正在发生的颠覆时

图3-1 何时需要忽略数据，何时不能忽略数据

1. 领导者欲推出一类全新产品时

被《福布斯》（*Forbes*）杂志记者问及耐思公司（Nest，智能

---

[1] 这并不总是数据本身的问题，有时还是领导者如何与数据互动的问题。

家居公司）在设计其智能恒温器时是否采用数据分析时，该公司首席执行官托尼·法戴尔（Tony Fadell）予以否认。他承认，在了解客户以哪些意料之外的方式使用产品的过程中，数据提供了一种独特的视角，从而促使企业改进产品，培养客户忠诚度。但是他还说："卓越的产品来自独特的观点，你得为你自己设计产品，对于数据告诉你需要具备的大部分产品功能，你得学会拒绝。"他还说他曾帮助乔布斯推出苹果播放器（iPod），因此学会了如何设计产品。

当一家企业推出全新产品或者服务时，不存在与其潜在客户或者价值链有关的任何信息。在一个不存在的市场上固执地考察市场研究数据，有可能会导致新思想落入旧的思考方式和工作方式的窠臼。

2. 领导者想要避免被彻底颠覆时

当资源有限的小型企业对拥有相当大市场份额的成熟企业发起挑战并成功时，就会导致后者被颠覆，尤其是当后者专注于改进产品和服务，以满足客户的苛刻要求时，他们通常会提供高于某类客户的需求的产品，同时忽略其他客户的需求。新入市者于是会瞄准这些被忽略的客户，经过一段时间进入高端市场或者主流市场，最终取代市场份额相当大的企业。

市场份额相当大的企业中的领导者往往过分依赖其现有最佳

客户的数据，这有时会导致企业被颠覆，他们在努力改进其产品和服务来满足客户需求时，后起之秀则在追寻需求完全未被满足的客户。硬盘驱动器行业中的一个案例就是典型。对133家硬盘驱动器生产厂家在1975年至1990年的深度分析结果显示，有些企业的工程师率先开发出全新的产品结构，但是这些企业未能推出这些产品，原因是这些企业采用传统的资源配置方式。管理者评估回报和风险信息，并且根据成熟市场上最大客户群的现有需求进行评估。这些数据看似比企业内部富于创新精神的工程师的洞见更具说服力，而后者被认为是一种假设。管理者只能猜测新型号硬盘驱动器的市场规模、赢利能力以及假设的未来客户对产品性能的需求。而现有硬盘驱动器的现有客户，则能够明确说明他们想要购买的产品的功能、性能和数量。于是，即便富于创新精神的工程师成功开发出新的硬盘驱动器技术，实现技术商业化所需的资源却被投资于匹配现有客户需求的现有驱动器。为了有效地避免被颠覆，领导者必须忽略这些数据，甚至需要忽略其最佳客户的数据。

如何保护并培育创新

企业及其领导者如何才能保护真正的创新，或者说应该怎样保护真正的创新,使其免受影响呢?记住,如果宝洁公司接受了常规客户对汰渍的测试数据,那么汰渍这个一鸣惊人的好品牌就有可能毁在宝洁公司手里。

为保护前所未有的潜在颠覆性创新成果,领导者可以用挑剔的眼光看数据,同时适当怀疑来自数据的洞见。为此可以在创新过程和日常经营所用数据之间建立一个"数据壁垒"。这种安排类似用于禁止交换可能导致利益冲突的信息的"道德壁垒",例如记者和报社之间,或者研究人员和金融服务企业内部的投资银行部之间的"道德壁垒"。为什么要设立数据壁垒?在创新过程中提供数据可能会滋长因循守旧的思想,从而降低形成全新思想的概率。奈飞公司首席内容官泰德·沙兰多斯曾很谨慎地说:"如果你囿于数字,那么你永远只能重复同样的事情。"这个问题的影响其实更大:由于创新通常满足新客户群的需求,一开始创新产品和服务的利润边际通常低于企业主营业务的利润边际。如果不在创新过程和用于企业运营的数据之间建立数据壁垒,领导者可能用数据评价创新成果,就像他们用数据评价成熟市场一样,期待创新成果会极大地促进企业成长或者组织更新,当创新成果达不到预期时,领导者可能将核心员工从创新项目调往利润更高的主流业务部门,从而导致创新胎死腹中。

奈飞公司曾采取几个步骤来保护其内容创造者,使其免受运营数据影响。很多观察员指出,奈飞公司向公众隐瞒其浏览数据,但是该公司其实对大多数参与节目制作的人员也隐瞒了这些数据。其管理人员有时会拒绝利用公司掌握的订阅用户及其浏览习惯的所有信息来选择影片创意方向。一个热播电视剧的创作者说:"我要过这些数据,但是他们(奈飞公司)从未给我,我经常对他们说:'你们公司的人最清楚人们喜欢看什么了,你们知道观众什么时候打开影片,什么时候关闭影片,什么时候会重播影片的某个片段——我真的很想知道这些数据。"但是奈飞公司的创新经理很聪明,他认为富有创意的人看到这些数据反而可能影响创作。

领导者不能要求每个决定都有量化证据支撑,而是要培育一种同样重视其他方法的企业文化,例如关注逻辑、直觉和定性的观点。如果数据已经是企业的至高准则,还有另一种方法可以培育潜在的突破性思想——任命一名"数据怀疑者",或者接收一名自荐人员或不按常理出牌的人。"数据怀疑者"负责在其强烈感觉需要培育并保护一个重要的反常观点时,对数据进行冷处理。他们可能需要非常熟悉数据,这样才能了解其缺点和局限性。

最佳的方法最终还是三角互证。汰渍品牌几乎要被否决时,宝洁公司就采取了这种方式,宝洁公司并未考虑其"客观标准",而是在全面考虑后推出了具有突破性的汰渍品牌。其高级研发官解释道:"你不能只在方框中填数字,你需要提供证据来表明你全

▎创造的成本：创新者的得失权衡

面了解自己的产品，这需要将科学和艺术相结合。"[1] 综合采用多个视角有助于提高领导者在创新决策过程中所用信息的准确度和全面性。

总之，领导者对待数据的方式会产生深远影响——它会限制或者促进各种创新。依赖广泛的数据分析的领导者会带动增量创新，但是也会抑制突破性创新；而提出前所未有的创新和颠覆性策略的领导者则需要学会忽略数据，而不是遵循数据（见表3-1）。

表3-1 如何主动利用数据促进突破性创新

不要这样做	要这样做	好处
在不存在的市场上坚持进行市场研究	适当怀疑数据产生的洞见	打破原有思考和做事的方式
让同一批人决定当前的经营活动和未来创新	设立数据壁垒，以保护创新或创造过程不受企业运营所用数据的影响	保护潜在的颠覆性产品和突破性创新成果
要求每个决定都必须有量化证据支撑	鼓励各种视角和多种方法，例如关注逻辑、直觉、定性观点	前所未有的创新所需的全新洞察
依赖通过数据满足企业最佳客户的需求	忽略数据，思考如何寻求需求完全未得到满足的客户	避免被颠覆
对数据进行冷处理	任命"数据怀疑者"	保护并培育新思想和企业创新文化

[1] 出自对企业高级管理人员的采访。

第四章
利用群体：如何加速创新并应对不确定性

一个夏日的午后，佛罗里达州海滨有一对年轻兄弟出事了：他们距离海岸100码（约9.144千米），而一股激流正将他们卷向大海。他们的母亲和附近的人能听到他们的惊叫，有两个人企图游过去营救，但是被这股激流挡住了。两兄弟的几个亲戚跟了上去。前后一共有9个人被卷离了海岸——他们都没有救生圈，也没有绳子。一艘警用救生艇出发了，然而20分钟过去了，被卷离海岸的人中，有的人已经开始被海水淹没。德里克（Derek）和杰西卡·西蒙斯（Jessica Simmons）到达现场时，发现海滩上几十人正无助地看着眼前的情景。

游泳者在海里挣扎时，一群人只能在海滩上无助地看着，随后来了一对夫妇，他们想出了一个办法——把这群人作为工具。这对夫妇让大家手挽着手，于是一堵约由80人组成的人墙出现了，这堵人墙一直延伸到被卷离海岸的人那里，而人墙的排头则是德里克和西蒙斯。他们轮流游到那9个人身边，并将其拉回人墙，然后通过接力安全送回海滩。

人墙可以用来拯救在激流中挣扎的人，也可以用来拯救企业

创造的成本：创新者的得失权衡

创新，因为创新需要他人帮助。作为个体，人的信息处理是有局限性的：他们掌握的信息不仅不完整，还受偏见影响。如果不解决局限性，就可能会影响到个人、团队和企业的表现。利用群体形成解决方案，则是一种有效的办法，它能克服个人认知过程中固有的偏见，尤其是在企业领导者面对不确定性却必须快速做出决定时。

领导者如何充分发挥群体潜力？答案在于使用一种全新的战略框架——群体排序。群体排序包括在不同时间、利用不同类型的群体，解决与创新有关的不同类型的不确定性。有效的群体排序包括3个步骤：

（1）利用群体确保你正在解决正确的问题。

（2）利用群体测试你是否找到了正确的解决方案。

（3）利用群体执行解决方案。

利用群体确保你正在解决正确的问题

领导者要面对很多连续不断的问题，每个问题似乎都需要领导者注意，并且需要占用资源。但是领导者有没有选中正确的问题？我们将此称为问题的不确定性。在任何情况下，大部分当事人和旁观者对于正在发生的事情和有待解决的问题的了解，都是不完整或者不准确的，而人们都倾向于忽略和自己当下看法不一致的信息。领导者必须考虑、处理和了解的绝对信息量，则会放大这些问题。更糟糕的是，出于对效率和绩效的要求，领导者一旦发现看似"足够好"的解决方案，便不再继续寻找其他解决方案。

有一个办法可以消除问题的不确定性——尽可能在最短时间内向各种各样的人寻求尽可能多的反馈。有些专家认为领导者最好间歇式地向组织严密的群体咨询，根据这种方式使用组织严密的群体的资源，更有可能从掌握信息最多的消费者那里获得目标反馈。在间歇式寻求反馈的过程中，领导者可以有更多的时间在每次互动后进行反思和总结，从而避免认知超负荷。间歇式反馈有利于在获得两种不同建议的间隙进行试验，即让领导者通过反复"获得建议——落实建议"进行测试。间歇式反馈尤其适合创新，因为领导者可以有更多的时间对新型商业模式的各种要素形成洞见。

但我们的研究结果则相反，我们发现组织松散的群体优于组织严密的群体，因为输入各种信息，能够暴露界定和表述现有问题过程中存在的偏见和盲点，这有利于领导者更精准地搜寻解决方案。我们的研究还发现，相较于在较长时间段内接收反馈，积累大量一线反馈更有效，因为在短时间内寻求到的反馈更真实。在我们研究的有些企业中，创新者3周见了65—75人并听取其

▎创造的成本：创新者的得失权衡

想法，而有家企业的领导者迫切想要创新，30天见了54人，这两种急于要求反馈的办事风格都给人一种压力，使人难以忽略或者草草应付。例如，很多人在短时间内的反馈意见可能会有力地证明，领导者为这件事情投入了太多时间，而此事不值得花费这么多精力和费用。集中反馈的意见也有可能表明领导者为某项重大事业投入的时间太少了。

另外，从组织松散的群体收集信息能迫使领导者不断探索并扩大搜寻范围，以寻求适合其商业模式和战略的解决方案。换言之，提前获取大量信息输入是一种有效的机制，能迫使领导者更深入、更广泛地寻求全面改进其商业模式和战略，而他们以前可能觉得这种商业模式和战略很好。美国一家初创企业的领导者告诉我们，早期反馈使其团队意识到他们正在集中精力解决错误的问题：

我们原本计划将自己打造成行业经销商，因此计划开展调查。

但是我们很快就取消了该计划，因为我们发现这项业务很可怕……我们开始意识到重点不是向这些人卖东西，而是他们甚至不知道自己该怎么做项目。我们最终确定，为了成功开展签约业务，所有小企业都需要一款支持自动运营的技术，于是我们转而开发支持独立小企业的软件。

在最短时间内从松散组织中获取最多的反馈看似难以实现，

但有的领导者能够创造奇迹：在集中反馈过程中，领导者需要更全面地考虑问题以及各种战略考量因素，随后才能尝试形成解决方案，因此能够克服其自身和他人的偏见。当多个人的反馈以某种方式不谋而合，并且明显对领导者的观点的权威性构成挑战时，会形成某种形式的社会认同，从而促使领导者克服其已知和未知的偏见。因此，通过与各种个体集中互动，经过数据三角互证的信息会更加可靠。换言之，经过多个不同信息源证实的结果或结论更有分量或者说服力。另外，由于集中反馈很有启发性，而且令人难忘，因而不太可能被忽略，尤其是当很多不同个体的意见一致时。

相反，如果反馈间隔时间更长，领导者就可能尝试实施每个人的建议，这会导致经营和战略摇摆不定，甚至导致突发性战略转变，或者重要问题无法被解决。有个领导者回忆说，以前她收到零零散散的反馈后，"对每个人的反馈过度反应，导致我和我的团队变动太大"，每隔几周他们就会推出一个新项目，但是没有一个项目落实或者有实质性的进展。

利用群体测试你是否找到了正确的解决方案

一旦领导者相信自己正在解决正确的问题（问题的不确定

性），他们就需要以类似的方式处理需求的不确定性。需求的不确定性指不太了解人们是否需要你的解决方案：他们会买它吗？会用它吗？会向别人推荐它吗？消除需求的不确定性的一个好办法是，将设计面向极端用户，即高度关注你正在尝试解决的问题的个体。历史上有很多变革性创新成果，它们最初都是为极端用户设计的。在19世纪，为了让他几近失明的母亲写起字来更方便，并且让写出的字更好辨认，意大利投资人佩莱格里诺·图里（Pellegrino Turi）提出了一个变通的解决方案，他的这个解决方案催生了打字机，进而成为计算机键盘设计的基础。而贝尔一开始想教聋人说话，最后却因此在1876年发明了电话，他曾称其为"电子通话机器"。

针对极端用户设计产品有助于领导者把握全部用户和用户案例，其结果可能令人惊喜。极端用户可以是超级用户，也可以是非用户，他们面临的问题可能比主流用户更严峻。酷爱产品的用户和讨厌产品的用户对产品都很敏感，这有助于领导者发现特定用户案例的出现原因寻求变通的解决方案以及发现并更好地迎合这两类群体的需求、观点和期待。另外，企业通常可以把能吸引极端用户的产品推广给更多主流受众，他们也遇到类似问题，只是程度没有极端用户强而已。福特公司（Ford）的设计师给其测试驾驶员配备了紧身衣裤，以模拟老年人驾驶员的驾驶体验，他们可能没有那么灵活：对于一个40岁的人来说，车上的按钮或者开关布置不合理可能根本不算什么，但是老人可能会无法应对。这种以易用性为中心的方法催生了一些新功能，例如让所有驾驶员受益的易用安全带。与此类似，在设计"我玩"（Wii）游戏主机时，任天堂瞄准了一群特别的极端用户——讨厌打电子游戏的人。其洞察促使设计团队开发出一款响应人体运动的主机，这是给玩家和各行各业技术人员的一大福利。极端用户也改变了推特。在推特刚推出时，有个极端用户叫克里斯·梅西纳（Chris Messina），他认为该平台的话题杂乱无章。在博客和推文方面，他劝说用户以话题标签符号"#"来组织其推文主题，但是遭到推特团队拒绝，因为他们认为话题标签太书呆子气了。但梅西纳继续劝说，最终他的意见被采纳了，话题标签符号"#"现已成为推特的一个主流特色。

一类极端用户通常是对拟定产品和服务非常感兴趣的门外汉，我们因此可以将其视作"铁粉"，这些用户会主动向别人推荐自己喜欢的产品和服务。蓝河科技公司（Blue River Technology，农业机器人企业）的李·雷登（Lee Redden）和乔治·赫罗德（Jorge Heraud）最初设想根据高尔夫球场的特点（不同地点草的高度和种类不同），打造一款高尔夫球场专用的自动除草机。但是他们的推销被客户不冷不热地拒绝了，这时雷登和赫罗德才发现，他们的技术服务企图解决的问题根本不存在：高尔夫球场已经有自己的除草机了，而且还由专业的园艺工人操作，这种机器割草的时候能够调节高度。相较于已有的解决方案，蓝河科技公司的技术服务不仅多余，而且还很贵。但是经过继续了解潜在客户，二人发现农民可能会喜欢他们的技术服务，因为其可以被用来处理数百英亩（1英亩约为4047平方米）农田里的杂草和庄稼。雷登和赫罗德终于发现了自己的"铁杆粉丝群体"，根据农民的需求和痛点，他们很快专门设计了一款新样机，并且通过测试。短短9个月，他们就筹集到了300多万美元。9个月后，他们拥有了一款专门为加利福尼亚州中央山谷的农民设计的商用产品，用于帮助增加莴笋产量。

由于总是坚信自己需要快速扩大规模，创新者经常专注于大市场，而非较小的铁杆粉丝群体，他们认为扩大规模就能够扩大市场份额、增长更快。这是一种理想结果，主要适用于受直接和间接网络效应以及赢家通吃式动态影响的行业，可现实是大部分初创企业都因为过快扩大规模而失败。基因创业公司（Startup Genome）对3200家初创企业的分析结果显示，70%败于过早地扩大规模，即还没有确定合适的产品和市场，就开始尝试促进业务增长。回头再看，错误似乎很明显，但是领导者犯这个错误的原因却一点也不明显，创新者似乎经常按错的顺序做对的事情。

很多人固守他们在商业学校学到的方法：第一，想到一个有迫切需求的概念；第二，提出满足该需求的解决方案；第三，引进经验丰富的人来推广这个方案；第四，制作营销资料进行推广。但是很多创新者没有发现他们正在追求的只是一个想法,即针对模糊市场的模糊解决方案。开发合格产品需要花费的时间通常是领导者预期时间的3-4倍,而在此之前不宜扩大规模。过早扩大规模通常会耗尽现金,在出现早期未能预料到的问题时,领导者会更加难以调整。过快扩大规模还会导致难以改变方法,领导者因此会执着于特定的解决方案,为了推进该解决方案,他们会增加对人员和过程的投入,投入越多,越难以回头。

在不确定需求时也不去扩大规模,是违背人们的直觉的。但是我们的研究明确揭示了一种观点:领导者首先应该确定一个铁杆粉丝群体,来探究其成员的特殊需求,最后以更高标准满足这些需求。领导者因此将深入了解其最忠诚的用户这件事放在第一位,这些用户最了解产品,也愿意用产品满足其更多需求。他们通常会不知不觉地最早采纳产品,随后企业可以将他们作为未来用户和随后采纳产品者的替身。如果不能明确这点,团队可能会陷入困惑,并受到挫折,而一旦明确了这些事情,创新企业通常会蓬勃发展,因为早期用户的狂热宣传,企业能腾出资金支持团队去根据更加精准的性能标准执行计划。一旦对一个群体交付超出其预期的产品,领导者通常会发现,有很多其他人也需要这种产品。

本田山脊线(Honda Ridgeline)皮卡车的成功就得益于利用极端用户和铁杆粉丝群体消除了需求的不确定性。为了提高这款车的设计质量,本田公司工作人员和皮卡爱好者讨论皮卡的样子和功能,还向电工、水暖工、园艺人员、汽车经销商和普通承包商等工作中涉及皮卡车产品本身或其使用的人,了解其对里程油耗、司机室、仪表盘布局和其他方面的看法,随后了解所有这些考虑因素中哪些最重要,得到的结果是后挡板。传统卡车要把后挡板拉下来,但这些用户想要更多功能,比如能够拆卸和外翻,这样装卸货物更方便。针对这些用户案例,本田公司的工程师专门为新款皮卡车设计出了一种能拆卸和外翻的后挡板——而这些用户的需求之前他们可能根本就想不到。

该团队还消除了另一个极端群体(即买了皮卡但是几乎不用的人)的需求的不确定性。在体育赛事开始前,这些人喜欢在后挡板上招待朋友,后备厢则是其自助餐台。为此,本田在本田山脊线的后备厢中嵌入了一个方便排水的冰桶,还为电视、发电机和调酒机等电器设计了电源插座。这2种极端用户,1种工作与皮卡相关,1种基本上只把皮卡作为聚会工具,通过与极端用户互动,本田把一款好皮卡升级为最受美国人欢迎的卡车之一。2017年到2018年间,超过4万辆本田山脊线在美国售出,也就是说,每售出10辆中型卡车,其中有1辆就是本田山脊线。有了该款汽车,雪佛兰库罗德(Chevrolet Colorado)、通用峡谷(GMC Canyon)以及丰田塔库玛(Toyota Tacoma)的客户,都被本田山脊线吸引了过来——甚至是经常购买本田雅阁(Honda

Accord）的客户。

创新者在早期必须采取行动来抑制扩大规模，即必须克制自己过快扩大规模的欲望，花时间充分了解极端用户的需求，并且测试针对这些需求提出的解决方案。很多人不理解为什么要这样做。在创新者探索问题的不确定性时，由于极端用户深受某个问题困扰，因此一开始作用不大。但是一旦领导者专注于正确的问题，放慢脚步，用极端用户测试潜在解决方案，那么就能够间接解决其他人群的需求。这些人也喜欢通过测试的解决方案，只是程度不如极端用户那么强烈，这将有助于企业快速扩大规模。换言之，极端用户有助于最大限度地扩大用户案例的范围，并且有助于发现亟待解决的问题点，从而能够帮助消除需求的不确定性。如果不拜访极端用户，企业领导者很容易陷入为主流用户进行设计的陷阱，取悦普通用户（通常是极具多样性的群体）可能导致设计出没有特色的普通产品和服务，既没有亮点，又容易被模仿。

利用群体执行解决方案

群体排序的第三步是利用群体执行解决方案，即解决供给的不确定性。供给的不确定性指在你确定人们需要什么以后，不确定你的企业实际上能否提供这个东西,即要创造人们需要的东西,你有没有掌握必要的知识和信息?执行新解决方案,通常意味着需要解决一系列新问题,这需要拥有从一系列来源获取的零碎的专业知识(尤其是依靠新技术的解决方案)。尽管领导者在此节点,倾向于向与自己关系最密切的人征询想法和专业知识,但最好询问自己不熟悉的人的意见,成熟的团队容易因循守旧。在寻求执行新产品或新服务可能需要的全新解决方案时,你有必要突破你常规的工作网络,与其他部门甚至其他企业的人讨论。

为了以低成本快速创新,弱联系通常非常有利于领导者评估新信息和新知识。密切联系人通常知道领导者的所知,激活并利用弱联系,能够让领导者接触必要的新思想、新资源和新专业知识,落实用户需要的新解决方案。社会学家马克·格兰诺维特(Mark Granovetter)在1973年发表的刻意命名为《弱联系的优点》(*The Strength of Weak Ties*)的一篇论文中,详细阐述了这一违背直觉的洞见。格兰诺维特试图准确描述找新工作时被证明最有效的联系,传统意见是,和你关系最密切的人最有可能帮你找到工作,但在就业市场上,最核心的问题通常是如何在第一时间发现空缺职位,格兰诺维特发现弱联系更有可能知道你尚未发现的岗位。

一家计算机跨国企业不同团队的工程师之间相互学习的例子,证明了利用弱联系的好处。有些团队已经在频繁的互动中建立了强联系,其他团队则不然,虽然它们偶尔有联系。一项内部研究发现，联系较弱部门的工程师，相互之间能够更有效地学习，因此能够更快提出解决方案，而之前联系密切的部门学习所需知识则比较困难，从而严重影响工作效率。

科技巨头佳能公司利用弱联系开发 AE-1，即全球首款带有内置微处理器的电子控制全自动单镜头反光照相机。有的员工熟悉精密光学和照相机机制，有的员工熟悉为手持计算机开发的微型电子电路，他们之前几乎很少共事，当时却被安排一起工作，由于这次共事，他们彼此的专业知识得到互补，促进了这款新型单反相机的开发。佳能公司还安排影印工艺专家和化学专家共事，这两个团队开发了一种带有可以轻松替换的便携式硒鼓的个人复印机，这款新产品很快成为爆款。

重点在于促进个人网络的多样性，从而催生各种新奇的选择方案来执行想法，对小组织进行干预，从而培养人际网弱联系，其效果会很明显。谷歌公司刻意将咖啡吧安排在园区四周，这有助于避免员工习惯性地去最近的咖啡吧，促使员工在不同的咖啡吧偶遇，从而增加了不同部门的员工见面、聊天、相互帮助、成为好朋友，或者发现共同朋友的概率。

皮克斯公司（Pixar）也如此。乔布斯于 20 世纪 80 年代末设计了皮克斯公司的办公室，他让建筑师把咖啡吧、邮箱和休息室设计在中央大厅里，而不是按常规安排在两侧走廊里，这样通常往来较少的员工就有可能偶遇彼此。这种做法确实增加了员工闲聊的机会，并且常常让员工"聊"出好点子。在未来办公室场所，实体办公空间相互之间比较疏远，领导者该怎么办？在以后，如果同时进行现场和远程办公的团队对企业的影响越来越大，那么对于协作式任务而言，这种偶遇可能更重要。尽管远程办公的员工表示，在完成分析数据、编写演示文稿、办理行政工作等单人任务时，他们的工作效率并不比现场办公低，但是需要与人共事时就会遇到困难，例如与同事交流、与团队协作、与客户互动等。对于这些远程工作的员工，领导者可以创造在数字平台上偶遇的机会，例如经常安排进行信息交流、鼓励举办异地发布会和联谊会。

总之，处理供给的不确定性问题，经常需要获得我们知之甚少的人，甚至陌生人的帮助。大部分人的联系都局限于自己的小圈子，所以问题在于利用不同群体之间的弱联系，他们目前相互之间没有联系，但是大家联合起来，则会拥有实施给定解决方案所需的技术、策略和专业知识等。

本章小结

要加速创新，就要快速、轻松地利用我们身边的人。群体排序需要利用企业内部和外部的各种群体，从而在企业创新活动的不同阶段，解决不同类型的不确定性（见图 4-1）。

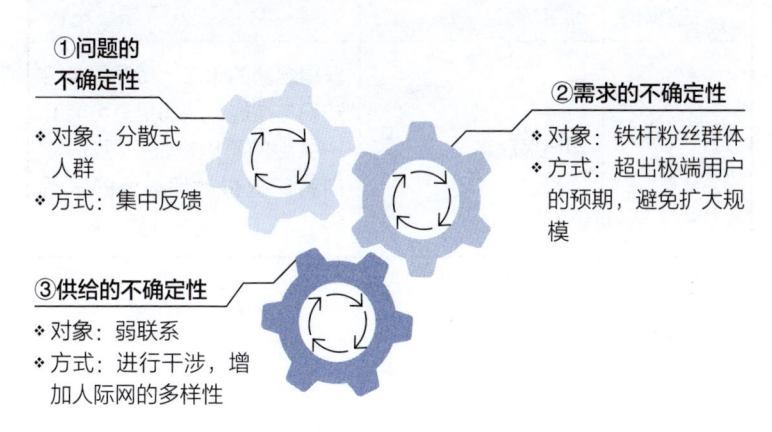

①问题的不确定性
- 对象：分散式人群
- 方式：集中反馈

②需求的不确定性
- 对象：铁杆粉丝群体
- 方式：超出极端用户的预期，避免扩大规模

③供给的不确定性
- 对象：弱联系
- 方式：进行干涉，增加人际网的多样性

图 4-1　如何充分利用企业内部和外部人员的知识

建造房子或者烤蛋糕的顺序很重要，创新过程中向他人寻求帮助的顺序同样很重要（见表 4-1）。

表 4-1　群体排序的好处

不要这样做	要这样做	好处
向群体征求意见	进行群体排序	利用企业内部和外部的知识加速创新
向集中式群体寻求反馈	临时向松散组织的个体寻求集中反馈	更有可能在反馈中确认模式，从而有助于消除问题的不确定性（"我们的关注点合适吗"）
寻找喜欢你产品和服务的很多用户，从而促进快速扩大规模	采取避免扩大规模的行动：向热爱你产品和服务的少数人提供超出预期的产品或服务，并且将其作为未来客户的替身	腾出预算，帮助团队根据更精准的标准执行解决方案，从而更有可能消除需求的不确定性（"我们知道谁会接纳、购买、使用或者推广我们的产品和服务吗"）

▶ 创造的成本：创新者的得失权衡

续表

不要这样做	要这样做	好处
依靠强联系执行项目	利用弱联系	获得全新的想法、资源和专门知识与技能，从而更有可能解决供给的不确定性（"我们能向客户提供他们需要的东西吗"）

第五章
合理的启发式：领导者化繁为简的原则

从技术层面讲，复杂性存在于有多个相互独立部分的系统。2个人组成的初创企业不如10个人组成的团队复杂，10个人组成的团队则不如200个人组成的团队复杂。随着企业的演变，企业团队必然会变得越来越复杂，于是领导者根据各种规定和流程来下达命令，并提高效率。问题在于随着时间的推移，这种结构扩张会进一步增加复杂性。企业结构自然扩张导致其越来越复杂，这还会带来令人痛苦的通病，即灵活性降低、官僚主义加剧。《哈佛商业评论》(*Harvard Business Review*)开展的一项调查结果显示，近三分之二的调查对象表示，近年来其所在企业的官僚主义越来越严重了。在变化迅速并且充满不确定性的环境中，企业需要适应并灵活应对环境，为避免日渐官僚化，聪明的领导者会利用启发式。启发式是一种经验法则，个体可以据此快速做出决定，而不必依靠全面的信息和分析。我们发现这些启发式是企业成员根据经验精心设计的，是对战略的凝练表述。

巴菲特的伯克希尔·哈撒韦公司（Berkshire Hathaway Corporation）根据3个经验法则选择收购对象：（1）收购价值高

（税前收入至少5000万美元）；（2）不必改组；（3）负债少或者无负债。三星公司有一个经验法则：每年春秋两季均发布新手机。举一个具体的例子，福来鸡公司（Chick-fil-A）根据经验法则引导客户服务：每位客户说"谢谢"时，福来鸡公司的员工都会说"这是我的荣幸"（而不是"不客气"）。新冠疫情席卷全球时，很多美国人都熟悉安东尼·福奇（Anthony Fauci）关于保持社交距离的三大经验法则：（1）保持2米社交距离；（2）聚集不超过10人；（3）与除家人以外的人会面时戴口罩。

关于启发式的很多研究，强调这种经验法则可能会导致近因偏差、关注非代表性数据、滥用概率等认知错误。这种观点将启发式视作计算法的替代品，认为其虽然方便，但是效果差，计算法则太错综复杂，以至于无法经常采用。丹尼尔·卡内曼（Daniel Kahneman）于2002年荣获诺贝尔经济学奖，获奖的主要原因是，他对普遍依靠启发式进行决策所导致的常见认知错误做出了研究。[1] 很多领导者均认同这个观点，即基本对启发式持负面态度，将其指责为一种非理性行为和战略失败。但是我们对动态环境中领导者成功战略的分析结果却相反，即启发式似乎是取

---

[1] 在《不确定性下的判断：启发式和偏差》（*Judgement under Uncertainty: Heuristics and Biases*）中，阿莫斯·特沃斯基（Amos Tversky）和卡内曼认为人们经常因为依靠普遍的启发式而偏离理性，从而出现系统性错误（偏差）。

得高绩效的必要因素。本章旨在阐明，在复杂环境中坚持简单规则，通常是最有效的战略。利用启发式通常不仅是一种有效的战略，启发式的内容也往往具备战略性质。首先，我们将说明启发式对企业的好处（而非坏处），随后说明领导者应该采用哪些具体类型（而非笼统）的启发式，最后我们会详细阐述"让简单的规则始终简单"。

启发式对企业的好处（而非坏处）

很多关于启发式的试验，都存在一些与战略无关的问题（例如含有正确答案的二选一问题），并且限制了研究的参与者学习的机会，即由于研究依据的是非真实环境，因此结果通常对启发式不利。但我们仍旧认为，在个体经验极其丰富并且极度不可预测的情况下（这也是最活跃环境的特征），启发式是一种合理的决策方法。

（1）简单规则启发式之所以有效，是因为它能够帮助领导者在效率和灵活性之间寻求平衡。易于操作的经验法则，能够缩小潜在解决方案的范围，从而加快决策速度、简化问题处理过程，进而提高效率。由于并未说明解决方案的具体内容，因此有灵活采取行动的余地。亚马逊有一个"2个比萨"原则：根据首席执

▎创造的成本：创新者的得失权衡

行官杰夫·贝佐斯的说法，如果2个比萨不够大家吃，那说明这个团队太大了。这个简单规则既有效又灵活，有效是因为好记、好用，同时还能节省员工的时间，减少决策的官僚化；灵活则是因为它并未规定哪些人应该加入团队、团队成员应该讨论哪些话题，应该讨论多长时间。换言之，简单启发式严格而不死板。

（2）简单规则启发式之所以有效，是因为它好记，并且容易被各地的工作场所共同遵守。创业投资加速器Y Combinator采用几个简单规则运行其初创企业创始人项目：①3个月期限，一个地点[美国门罗帕克（Menlo Park）]；②给加入项目的每个初创企业2万美元，换取其6%~8%的股权；③创始人必须在现场办公。这种规则不仅好记，而且好遵守、好落实。研究发现课程越简单，所学知识越牢固：人的短期记忆容量限制了可以在长期记忆中解码的信息量，即便个体感到疲惫、压力大，并且感到焦虑，但所学知识经过简化，则很好记忆。

（3）简单启发式之所以有用，是因为它很容易制定，同时又很有针对性。分析过程复杂、信息量大的方法通常执行效果不佳，因为这些方法企图适应所有情况，所以不得不权衡各种信息（但是效果不理想），最终不能利用人们现有的背景知识。例如，在一项关于投资者如何利用相对有效方法抉择的研究中，学者发现，相较于依靠更多信息、投资策略和计算方法的投资者，采用单一启发式的投资者表现更好，即他们对所有资产类别一视同仁。在一项关于个人如何侦破连环犯罪的研究中,学者还发现,相较于采用复杂计算方法的人,采用单一启发式的人能够更快、更准确地找到罪犯,即寻找位于2个距离最远的犯罪现场中点的嫌疑人。另外,依靠耗费精力并且信息集中的方法,可能导致个体做出其事后会后悔的决定,因为他们太专注于不太相关的细节。

总之,当环境变得越来越复杂以后,最好的战略通常是最简单的战略。在动态环境中,优秀的领导者会制定一些规则比较简单的启发式战略,从而提供一些框架,以便有效地利用以往经验,但是为了根据现状灵活应变,这个框架不会太死板。

领导者应该采用哪些具体类型(而非笼统)的启发式

先前研究确认了个体用于回答二选一问题的若干个笼统的启发式,例如是否在场和是否有时间 [二选一问题的例子:在德国,科隆(Cologne)的人口是不是比波恩(Bonn)多]。这里的主要观点是,个体倾向于按照笼统的经验法则自动做出判断,尽管这些法则通常恰恰会产生系统性错误(偏见),但它们符合人的直觉。例如,丹尼尔·卡内曼发现,猜测一个人的职业时,大

> **创造的成本**：创新者的得失权衡

部分人会受思维定式影响，从而忽略普遍的整体信息：说一个人温和、安静，他们通常认为这个人是图书管理员而不是农民，尽管总人口中农民的人数是图书管理员的 20 倍。卡内曼将这种判断错误归为"代表性启发式"，或者根据常见思维定式做出选择。卡内曼和阿莫斯·特沃斯基（Amos Tversky，美国行为科学家）还让研究对象回答：以字母 k 开头的单词多，还是 k 排在第三位的单词多？大部分人凭直觉利用可得性启发式[①]，因此回答"以字母 k 开头的单词多"，即相较于不以字母 k 开头的单词，以字母 k 开头的单词会首先出现在脑海中，即更容易获得，然而正确答案是"k 排在第三位的单词多"。

我们在这里讨论的主题是针对企业的启发式。通过分析以不可预测性（而不是只有一个正确答案的二选一问题）为特征的动态环境中的多组启发式，我们发现，企业通常会制定几种类型的启发式，我们将其称为以下几种：(1) 选择启发式——有助于区别应该从事的活动和应该忽视的活动；(2) 过程启发式——指引执行所选活动；(3) 优先级别启发式——有助于对活动的重要性进行排序；(4) 时机启发式——指引活动的顺序和节奏。

选择启发式界定企业或者团队要关注什么以及不要关注什

[①] 指判别者根据一类事物中的事例或一个事件发生情况容易回忆的程度来评估该类事物的出现率或该事件的发生率。——编者注

么。通过设定边界，即明确应该追求什么、忽略什么，领导者能够缩小可能采取的行为的选择范围。例如，领导者可能通过选择启发式，将待开发的新产品限定为零售软件，而不是理财产品和低成本产品。领导者也有可能通过选择启发式，瞄准特定类型的客户（例如，大型金融机构或者电信运营商）或者具体位置（例如，亚洲、斯堪的纳维亚[①]）。总之，选择启发式能够明确应该探索哪些机会和行为以及应该忽略哪些机会和行为。北卡罗来纳州的房地产投资信托企业坦格尔公司（Tanger）的管理人员，就制定了几个选择启发式来选择未来零售点的位置。要达到坦格尔公司的标准，潜在位置必须具备以下特点:（1）适合建立户外购物中心;（2）30 英里到 40 英里（约 48.28 千米到 64.37 千米）半径范围内至少有 100 万人口;（3）户均收入超过 65 000 美元。如果没有选择启发式，领导者可能会把精力浪费在追求没有前景的机会上，或者因为可选对象太多，以至于根本无法采取行动，最终结果就是太灵活、太随意，这类似我们在第一章讨论机会悖论时提及的选择机会时的机会主义方法。在这种情景下如果没有计划，领导者还有可能给员工带来挫败感和困惑。

过程启发式明确了为了从事特定活动，企业应该优先采取哪

[①] Scandinavia，欧洲西北部文化区，包括挪威、瑞典和丹麦，有时也包括冰岛、芬兰和法罗群岛。——编者注

些行动。过程启发式是精心制定的经验法则，通常需要依据领导者和员工的专业知识和经验。In-N-Out Burger 的领导者就采用以下过程启发式指导经营活动：（1）不出售或者使用冷冻的碎肉饼，这有助于确保客户吃的全部是新鲜优质的牛肉；（2）只提供手切煎牛肉（这意味着不用冷冻牛肉），每天现烤圆面包；（3）不在任何一家分店配备冰箱或者微波炉。和选择启发式一样，过程启发式专注于维持质量，并且避免犯错。瑞丹斯电影节（Raindance Film Festival）与瑞丹斯电影学校（Raindance Film School）就针对获奖短片电影的剧本，编写制定了几个过程启发式：（1）越短越好（15 秒到 45 分钟）；（2）视觉电影，即用图像讲故事；（3）讲述一个引人入胜的故事，即要吸引观众；（4）避免陈词滥调，除非故事有让人意想不到的转折。

优先级别启发式对企业重要的活动和机会按重要程度排序，促使合理分配资源。例如："先进入手机渗透率最高的地区""从汽车行业开始"或者"先进入说英语的市场"。对于同时进行的活动，优先级别启发式通常能够优化持续性资源配置。2004 年首次公开发行前，谷歌公司共同创始人拉里·佩奇和谢尔盖·布林制定了一个 20% 原则，即鼓励其员工将 20% 的时间用于自主决定的非正式项目。2 位共同创始人写道："除了常规项目，我们鼓励我们的员工花 20% 的时间，做他们认为对企业最有利的事情。"谷歌邮件（Gmail）就是这项规定催生的一种创新。谷歌发言人说,"20%时间原则"是"谷歌的长期计划……目前依然在执行。"2005年,谷歌公司首次公开募股(IPO)刚结束,其核心搜索业务增长迅速,当时其首席执行官埃里克·施密特(Eric Schmidt)以及共同创始人拉里·佩奇和谢尔盖·布林发现,优化谷歌的搜索业务可能会耗费太多资源(包括时间、资金和人力),而且只能带来渐进型创新。为确保谷歌既投资于渐进型创新,又投资于分裂型创新,他们对正式(而非随意性)工作场所的安排又规定了一个"70/20/10原则":员工应该将70%的工作时间用于谷歌的核心业务,20%的时间用于核心业务的周边项目,10%的时间用于和核心业务无关的项目,例如无人驾驶汽车。谷歌员工经常被指责模仿别人的创意,而谷歌领导者在强调该原则的重要性时说,遵守该原则能让员工产生与企业所有业务(即核心业务、相关业务和裂变型业务)有关的更多原创思想,从而让企业业务在和竞争者相比时脱颖而出。如果没有优先级别启发式,企业可能会把资源分配给错误的活动,或者同时追寻太多机会,但是无法从任何一次机会中获得可观利润。

时机启发式指导企业利用并分配时间,让活动和互动张弛有度。有些企业的领导者会规定在哪些时间段可以或不可以开会,例如规定午饭后不开会,这样员工可以在整个下午专心工作而不受干扰。埃隆·马斯克为特斯拉和美国太空探索技术公司(SpaceX)制定了几个与开会有关的时机启发式:(1)开短会,通常不超过30分钟;(2)根据手头事情的紧急程度决定开会的基本频次;(3)如果你觉得你对某次会议没有价值,你就可以离开会场。底特律的抵押贷款商速贷公司(Quicken Loans)也采用简单有效的时机启发式:必须在当天回复客户在电话或者电子邮件中讨论的事情,即便是在员工下班后接到电话或收到邮件。该企业创始人丹·吉尔伯特(Dan Gilbert)严格遵守该经验法则,据说他会把自己的手机号码告诉每一位新员工,以防新员工顾不过来工作时,他可以亲自向客户回电。如今该企业已经是美国最大的按揭贷款企业之一,却依然坚持执行这个时机启发式。客户似乎很受用,2019年,速贷再次被君迪(J. D. Power)评为美国按揭贷款行业的客户最满意企业,这是该企业第十年获此荣誉了。

在无法预测的环境中,能否抓住稍纵即逝的机会,决定着一个企业的成败,而时机启发式将产生决定性效果。如果没有时机启发式,企业可能变革太多、太少,或者变革顺序不对。简单的时机启发式明确员工应该在何时采取行动,这有助于在销售部、设计部和市场部等不同部门之间形成合力,或者使企业与市场以及主流产品的开发和销售建立联系,从而适应该环境。例如,为了利用开学季,苹果公司设计了一个时机启发式,即在秋季(通常是9月)发布新产品,从而抢在节假日销售旺季前行动。

另一个重要观点是,企业启发式的结构相同。不同企业的领导者将其经验转化为特定相同类型的启发式,即选择启发式、过程启发式、优先级别启发式和时机启发式。如何从各种更多可能性中有效地捕捉独特机会，这是企业成长过程中通常需要解决的基本问题，它决定了启发式的结构。例如，谷歌公司想要从各种各样的大量候选对象中选出优质收购目标，大众汽车尝试从大量的、各种各样的潜在合作伙伴中选出合作伙伴，来福车需要从众多可能市场中选择接下来要进入的市场。选择启发式能够限制机会范围，从而帮助企业应对过剩信息。过程启发式限制如何推进增长过程，例如进入哪个国家或地区的市场，从而加快行动速度、集中注意力、提高机会捕捉的可靠性。优先级别启发式指引领导者避免令人满意的低价值机会，进而选择高价值机会。此外，由于捕捉增长机会通常需要在企业内部协调有限的资源，于是用于明确行动顺序和节奏的时机启发式便可发挥优势。

让简单的规则始终简单

随着时间推移，启发式会发生什么变化？我们发现随着经验的不断积累，好的管理团队的启发式会越来越多、越来越精细，从而形成日益全面、与时俱进的启发式组合。但是好的管理团队在改进它的启发式组合的同时，还会对其进行简化。换言之，他们会在积累经验后精简其启发式组合。总之，要有效降低企业的复杂度，就需要同时控制启发式的种类和数量（见图5-1）。

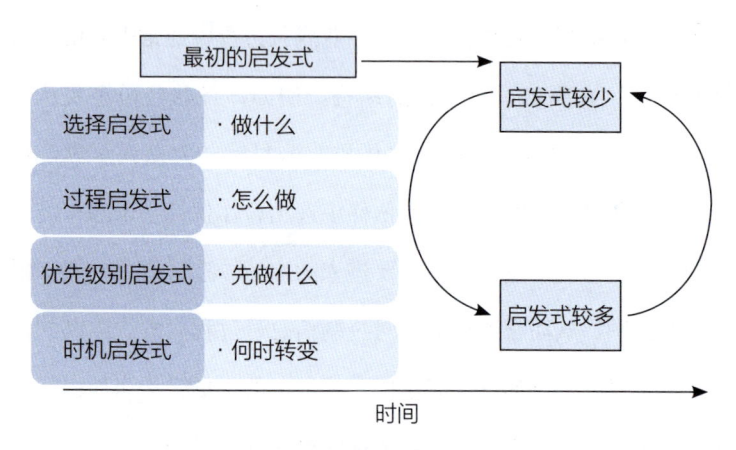

图 5-1 控制启发式的种类和数量

我们研究了一家位于美国的企业软件企业，发现了其简化规则的过程。该企业创始人开发了一款客户关系管理软件来帮助客户挖掘其数据。进入澳大利亚和英国这两个海外市场期间，管理团队采用几个简单的选择启发式，例如"将国际化限制在说英语的市场""销售实时分析工具"以及几个过程启发式，例如"启用执行合作伙伴"和"安排一个人在总部专门负责与海外团队联络"，但是他们随后迅速放弃了一个启发式（即只进入说英语的市场），因为他们意识到这一项限制把非英语市场的一些绝佳机会拒之门外，例如法国、德国和韩国市场的机会。这3个国家的市场随后成为该企业的3个目标市场。对于原启发式，管理团队并未代之以更优先的启发式，例如"说英语的市场优先"，也未对其进行改进,例如"进入说英语的市场和(或)大市场",而是直接废除。他们还废除了一个过程启发式,即"安排一个人在总部专门负责与海外团队联络",因为他们发现联络活动占据管理层的太多时间,总部的一个领导者说:"等我们真的进入那个国家,我才发现为了确保美国的其他高级管理层掌握英国和澳大利亚的情况,需要我在总部做超大量的工作。"管理团队本可以更新这个启发式,或者制定新启发式来指导联络活动,但是他们并未这样做,因为他们发现,向各国工作人员授出决策权比联络工作更有用,因此为了简化启发式组合,他们直接废除了这个启发式。

领导者为什么需要精简其启发式组合?一个很明显的原因是启发式过时了,还有一个不那么明显的原因:企业通常会用战略性启发式替代早期缺乏经验的启发式。例如,一家为 GPS 移动设备生产半导体解决方案的美国厂家,当时进行海外业务拓展,其有一个过程启发式规定在中国台湾地区设计芯片,在中国大陆生产。但是进入中国大陆市场以后,管理团队发现,无论是设计还是生产,中国大陆都是更优选择,因为中国大陆的技术实力越来越强。其首席执行官表示:"我们发现芯片的设计和生产都应该放在中国大陆。"这一认识促使管理团队以更易成功的启发式替代原启发式:把中国大陆作为芯片设计和生产地。该企业随后还以该启发式指导其在海外其他市场的扩张。

▶ 创造的成本：创新者的得失权衡

在其他情况下，领导者以更抽象的启发式替代比较具体的启发式。例如新加坡一个数据分析企业的管理人员，将原选择启发式"向政府、保险企业和银行出售"换成"向拥有大量专属数据并且具备购买能力的企业出售"。这个启发式促使该企业瞄准沙特阿拉伯的石油企业、马来西亚的保险企业、中国国企以及日本的生产企业。其他企业则采纳更具体的启发式，例如专注于特定市场、服务，或者产品的优先级别启发式。

企业为什么要控制其启发式组合的规模？我们的研究发现一个非常有意思的解释：是增加新的启发式来有效应对每一种情况，还是以少数几个启发式加上实时解决问题来应对每一种情况？这两种选择之间有一种基本取舍。规则太多会导致混乱甚至不一致，哪怕每个规则都很简单；而废除太多规则，则存在抹杀以往经验的风险，进而有可能犯错。简化过程，即决定简化对象和简化方式的心理过程，则有助于在二者之间进行平衡。领导者制定的规则要足够周全，从而让人习惯于利用规则来避免犯错；同时又要足够精简，从而给人留出余地来灵活采取行动。

总之，通过增加和精简启发式，能够确保对领导者的长期记忆进行有效"编码"，使其更易被唤醒和更新。维持几个启发式组合，能使管理人员通过一致的行动来权衡稳定和效率，并且维持临时应变的灵活性，前者如"始终利用合作伙伴"，后者如"根据不同国家和地区的标准物色合作伙伴"。因此为了适应每种

▶ 088

机会的具体情况，企业应该避免"过度适应"的启发式。该建议也与专家微调其思维模式的研究结果一致：随着专业知识增加，指导原则会越来越少，越来越具有战略性，并且越来越抽象。

为了确保简单规则始终简单，领导者应该定期自问，并向其团队提出以下几个问题：（1）我们有没有可以废除的流程或者政策？（2）为了提高速度和效率，有没有什么常规步骤或者行动需要忽略？对这两个问题的回答通常都是肯定的，因为即便是简单规则，也有用不到的时候。

本章小结

在动态环境中，成功的领导者能够制定一套启发式。作为问题解决者，经验丰富的领导者习惯了应对无法预测的复杂情况，于是提出了与可以获得的信息（通常是零散信息）和可以获取的注意力（通常时间有限）相适应的启发式，这能够产生切实可行并且易于改进的解决方案。这些启发式本身通俗易懂，并且很好记，所以很容易传达给各地的企业员工，他们也很好理解。一套启发式中最好有多少个启发式？这是没有定数的。既然是简单规则，就应该始终保持简单，一般情况下3-8个即可。但是要记住，这种规则适用于特定过程（比如入职、融资、合作），并不是对企业宗旨或者远景的表述——它们则适用于企业的一切事务。

另外我们发现启发式的结构相同，但是内容不同：选择启发式、过程启发式、优先级别启发式和时机启发式，不同企业均采用这4种启发式，但是具体内容各不相同，足以容纳下让企业在业内竞争中取胜的独特战略。"做什么""怎么做""先做什么"以及"何时转变"，由于每种规则解决一个方面的战略问题，因此同时拥有这4种规则非常重要，因为这样能够让战略更周全、更可靠。

成功的领导者还会进行简化：他们会增加新的启发式，但是随后会精简启发式组合（见表5-1）。通过限制启发式组合的规模，管理人员能够在一致性和充分的灵活性之间寻求平衡，从而应对突发情况。启发式因此囊括了主动而务实的方法，这些方法适用于只掌握零散信息、时间和精力有限，并且面临各种机会的问题解决者。启发式是简单规则，领导者可以用于在动态环境中降低复杂性、支持理性战略。

表5-1 如何简化启发式

不要这样做	要这样做	好处
认为启发式存在偏见、无效，并且会导致决策错误	把启发式看作在动态环境中决策的合理方法	提高企业的凝聚力、战斗力和灵活性

续表

不要这样做	要这样做	好处
寻求能够普遍适用于所有企业或者一个企业专属的启发式	制定和其他企业类型相同但内容不同的启发式，即选择启发式、过程启发式、优先级别启发式和时机启发式	获得独特、全面、可靠的战略，因为每种启发式解决一个方面的战略问题，即"做什么""怎么做""先做什么"以及"何时转变"
在经验积累的同时增加启发式	简化和废除现有启发式	获得一套启发式，其数量足以提供有效的指引，同时很凝练、灵活，足以调整各种行为

第三部分

密切联系利益相关者

第六章
有效规划创新：先强调熟悉性，再强调新颖性

20世纪70年代初期，美国人几乎不吃寿司，他们觉得吃生鱼肉似乎是件很陌生、很奇怪的事，并且令人感到一种莫名的反感。随后出现了以牛油果、黄瓜和大米为主要食材的加州卷，美国人对此都非常熟悉，而稍有日本风味的蟹肉被做成了蟹肉棒，于是哪怕最保守的美国人都愿意尝一尝。加州卷为寿司进入美国打好了基础，人们很快乐于尝试各种各样的寿司。少数沿海大城市的寿司餐馆以前几乎只招待日本游客和具有日本血统的美国人，但后来很快开始迎接来自全美城市和乡村的各种人群，如今美国人每年在寿司上要花费20多亿美元。

向潜在消费者介绍创新产品和新服务时，同时引起新奇感和熟悉感是成功的关键。寿司在整个美国的流行是与微妙的文化动态有关的一个研究案例，能够指导创新内容的被采纳和扩散。个体对新现象的舒适感，及其对新奇事物的兴趣是一对决定因素，决定着个体是否会突破常规，并且冒险去尝试这种新事物。没有舒适感就没有意愿，没有新奇感则意味着没有理由去改变目前正在做的事情。黏糊糊的生鱼片可能不行，但是裹着熟悉食材、鲜

艳而小巧的食物卷,看起来则很好吃,而且给人新奇感。

舒适度和吸引力搭配得当的话,会带动新客户个体采纳新事物,经过一段时间,决定采纳该新事物的个体越来越多,便促使新事物被广泛接纳。这些人对新事物的初始印象在人群中扩散,影响其他潜在客户的态度。在亲自遇到一件事物之前,大部分人会接受有关某件事物的一种普遍看法,认为其有趣、值得尝试,或者无聊、平凡、浪费时间。一开始以熟悉事物呈现创新内容,并且以熟悉方式包装,这能够降低该事物接近新用户的门槛,让这种特别的事物易于理解,同时充满吸引力。如果创新者不强调新事物的熟悉感,由于没有充分的安全感和舒适感,受众就不会尝试新事物。但是如果创新者不强调新颖性,单单依靠新事物的吸引力和人们的好奇心,就可能永远无法让人尝试并采纳该事物。

何时强调熟悉,何时强调新颖?具有创新思想的领导者应对这对冲突的方式是企业能否成功的关键。我们的研究表明随着创新的加速(同时也要求创新速度越来越快),在决定采纳还是拒绝新产品和服务时,人的观点具有决定性影响,甚至比技术优势更大。通过分析几十年来大量新技术和新产品的推出,我们精准确定了一种模式,它可以解释在创新过程中,成功企业是如何在熟悉感和新颖性之间寻求微妙平衡的。本章提供了一些案例,并且总结出一种简单方法,用于在推出创新产品早期的关键阶段管理这种固有冲突。

在创新之初强调熟悉感

　　历史表明,当新奇事物与人们普遍了解或者广泛使用的熟悉事物结合起来时,最容易被人们接受。为了鼓励消费者接受新技术,创新者向来使用通俗而实用的比喻:汽车一开始叫无马车,汽车发动机的功率单位叫马力,这些比喻有助于人们了解汽车的优点,从而产生购买欲望。

　　保险行业采用计算机就是一个例子。20世纪50年代,保险工作人员第一次接触计算机,当时他们被告知这是一种新型的制表机器,暗指这会是他们熟悉的一种设备。这种比喻让计算机看起来不那么奇怪,促使保险工作人员毫无顾虑地尝试。再有就是后来的互联网,一开始它有时被称作"信息高速公路",这个比喻是为了强调信息从一个地方到另一个地方的快速移动。通过强调该项技术最基本的功能——快速传输信息,人们逐渐适应了更复杂的全面创新,这项创新涉及一个全球互联网系统,该系统支持电子邮件、文档共享、电话通信和其他商务活动等各种信息服务与资源提供。

　　在美国城市推出供电基础设施和装置时,爱迪生一开始故意将新路灯设计成燃气路灯的外观——这正是他想要取代的。它的电线被埋在地下（就像后来埋入地下的燃气系统一样），和燃气灯一样，也使用瓦特作为功率单位，并且继续用类似计量系统向客户开具账单，而人们对这个系统很熟悉。受爱迪生启发，家用灯的设计师和生产者创造出的电子灯很像燃气灯和枝状大烛台。

同样，随着个人计算机的迅速增加，拟物设计也在迅速增加，即与实物类似的图形，比如计算机中的"垃圾桶"、网站中的"购物车"。为了让数字空间看起来比较熟悉，创新者开始设计一些内容，以便刻意唤起人们对现有物品和服务的记忆。苹果电脑的新界面模仿配备桌子和文件夹的办公环境，其指导思想是让用户在新环境中感到很舒服。在这个环境中，设计师通过模仿人们熟悉的工具实现数字功能，从而让人感觉个人计算机内的功能像日常办公用品一样常见。苹果公司继续采用这种环境锚定策略：软件日历看起来像真的台历，线上付款工具苹果钱包（Apple Wallet）看起来像一张小小的信用卡，计算器应用程序则像真正的计算器。据称，为了让苹果钱包的数字按钮看起来像给传统机械手表上发条的按钮一样，苹果公司设计团队曾经花费了很大精力进行设计。

在出现一个新的特别的事物，而人们不熟悉其特征，并且该事物与人们目前正在使用的事物差别非常大时，强调通俗性尤其重要。最大限度确保现有技术符合向受众提供的、向其介绍新技术的概念性框架,这似乎能促进新技术的被采纳。我们的研究有一个重要发现:在推出前所未有的技术创新时,最好先强调其与现有技术解决方案之间的相似性,并且尽量少提其新颖性。

乍一看,该原则可能与"竞争优势来源于独特性"这一主流假设相矛盾。对于推出新产品的企业而言,该假设鼓励其采取行动来强调产品特点,从而吸引人们的注意力,并凸显创新性。在成熟的竞争领域,该方法可能有助于在产品优点和特色的竞争中胜人一筹,但是如果推出一种前所未有的事物,专注新颖性可能导致潜在消费者无法理解创新内容,进而忽视该事物。

二维码就是一例,二维码是一种小方框中的条码,用于对数字信息进行编码并传输。为改进日本电装之波公司(Denso Wave)的物流系统并追踪存货,日本发明家腾弘原及其企业团队于1994年发明了二维码。当时他们并未强调二维码和人们熟悉的技术之间的相似性。二维码以行和列创建一个方框,它可容纳的数据数量远远超过同等规格的标准矩形条形码,因此二维码本应该被说成"一种更好的条形码"。但是由于企业团队认为其科技含量太高,不适合主流使用,因此从未努力增进公众对其的理解。即便后来二维码被用于零售,公众基本上还是不了解这个创新产品。直到2012年,《公司》(*Inc.*)杂志的一项调查发现,97%的消费者根本不知道什么是二维码,也不知道自己什么时候会用到它,这导致二维码自问世后的数十年间默默无闻、不温不火。如今随着色拉布、声田、文墨（Venmo）等应用程序的数字化活动以及阿里巴巴、亚马逊公司等提供的服务的流行，该项技术的应用正在逐步激增，也被更多地用于医疗、银行等格外注重安全、信任和信息隐私的场景，使用二维码的无接触数字验证系统比纸质系统更能保护信息隐私。

有个典型案例是，在与AR游戏宝可梦GO（Pokémon GO）的合作过程中，为了向公众介绍新技术，尼安蒂克实验室（Niantic Labs）、任天堂以及宝可梦公司（The Pokémon Company）强调熟悉感。尼安蒂克实验室于2012年开发了一款高度概念化的、基于地理位置的AR游戏"浸视界"（Ingress），但是由于很少有消费者能够想象把AR技术用于手机游戏，因此这款游戏无法吸引大量用户。AR技术与智能手机相结合，是将数字世界和现实世界联系起来的一个理想方式，但是该项技术刚问世时，公众对其并不熟悉，然而对于玩着宝可梦GO长大、如今拥有智能手机的那一代人来说，围绕数字世界探险并寻找神奇生物这种想法却很熟悉。宝可梦GO因此成为向这群受众介绍现实增强技术的完美工具：游戏中，你需要在现实世界中你附近的地方寻找宝可梦，因为尼安蒂克的程序员在这些地方设计了数字世界的各种宝可梦挑战。

新技术立足后，转而强调其新颖性

强调熟悉性的构想有利于人们了解并采用新产品、新系统和新工艺，但是不会激起受众的兴趣，或者吸引新用户。新技术要立足，就要让人感觉其在概念上有别于并且优于受众已经熟悉的方案。我们的研究表明，长期强调通俗性，无法让受众注意新颖性，即那些新颖而独特的方面，因为最终吸引新受众并形成新市场的一定是新颖性。因此我们得出另一个最佳做法：随着一项新技术或者一款新产品开始立足，要强调其新颖性。通过将该技术或产品比喻为类似用户案例，打破新用户采用该技术或产品的壁垒后，新用户将乐意关注该项创新有别于现有产品或技术的特征。

如果创新者未能展现出其创新相较于现有产品或技术的特征，受众很容易忽略该创新，并继续使用现有解决方案。三维（3D）打印则不同，该项技术刚问世时，为了便于企业了解其基本功能，特意被取名为"3D 打印"以唤起打印概念。随着企业开始了解 3D 打印，人们越来越发现其广泛用途和潜力，因此越来越想要对其进行尝试。在此关键时刻，该项创新的构想开始强调其新颖性。发明人在麻省理工学院（MIT）和其他地方引入了术语"增材制造（Additive Manufacturing）"来描述通过逐层叠加液体、粉末、板材等材料构建三维物体的技术。这一新的命名让

▶ 创造的成本：创新者的得失权衡

那些从不觉得自己属于"打印"行业的企业，转而关注 3D 打印技术更广泛的潜在应用场景以及支撑它的生态系统。构想的转变不断促进工业和航空、汽车、零售、医疗及牙医等定制制造场景采用增材制造技术。

电子书和电子阅读器用户界面的设计也采用类似模式：一开始以通俗构想促进目标客户接纳，随后引入新构想强调创新优势。亚马逊阅读器千读（Kindle）和巴诺书店（Barnes & Noble）的阅读器巴诺读书（Nook）等电子阅读器刚刚推出时，用户界面强调"下一页"键，翻页动画也模拟真书翻页效果，这两个功能均唤起了期待阅读过程中可以连续翻页的早期用户的读书体验。随后它们则不断增加一些有别于纸质书的功能，例如触屏、无限滚动以及如今人们熟悉的数字动作（如轻触单词查定义、轻触页面插入书签等）。后来电子阅读器则配备传统纸质书不具备的、含有先进技术的工具，如强调、加注释、查找、同义词词典等，同时保留最初吸引新用户的与纸质书的相似点。

💡 从熟悉向新颖的转变

核心问题依然是：创新者如何将其表述从熟悉转向新颖以及何时转变。我们通过研究，发现了一种两步法：首先，一旦技术吸引起人们注意，就要更详细地向他们介绍该项技术。以保险行业为例，它是一个非工程行业，所以此行业中的人员当时很乐意接受计算机。在20世纪五六十年代，保险行业开始使用最早版本的计算机，此后计算机生产商逐渐在公开场合表示，计算机技术具备类似大脑的记忆功能。后来计算机生产商开始用另一种方式公开推广计算机，他们更多地提及计算机的分析、推理能力以及管理层和其他用户可以用计算机来汇编信息并编制报告。因此，强调一项创新产品的全新功能以后，人们最终会将其与当初的比喻对象进行对比，并且发现二者差别很大，当初的比喻并不恰当。这种介绍向人们传达了一种观点：计算机技术有助于决策，这促使保险行业不仅用计算机来输出（例如处理交易），而且还用它进行复杂的决策，后来其他行业也纷纷效仿，这在整体上促使用户以更多的方式描述计算机的核心概念。随着越来越多的计算机投入使用，人们很少将其比作机器，而是更多地将其比作大脑。

第二步和第一步正好相反：随着越来越详细地介绍新颖性，对熟悉性的描述应该更笼统，不像最初那么具体。在早期，为了促使物联网被接纳，创新者将物联网通俗地称为"无须人工干预即可相互共享数据的设备网络"，该表述物联网以人们普遍理解的现象为核心，例如网络、设备和数据。后来为了促使更多人接纳物联网，科技行业的创新者不再着重强调熟悉性，而是将网络、设备和数据这些以前用于描述物联网的具体词语，替换为更加概括的词语，即"连接到互联网的任何事物"。同时，他们还以更新颖的语言具体描述物联网，例如，"物联网边缘计算"或者"物联网边缘设备"被越来越频繁地使用，来使人们了解计算越来越靠近"边缘"——边缘即设备和个人创建或使用相关信息的场所，而不是可能在千里之外的中心地点。像这种越来越具体的用语能够传达更多信息，在本例中，具体信息即表明物联网不只是把设备联系在一起，设备之间的地理位置更近，从而有助于解决网络拥堵和网络延迟问题。这一介绍还让受众熟悉互联设备更广泛的潜在用途，而且这些设备不会过度使用网络。

无人机行业的出现和发展似乎遵循相似的路径。"无人机"一词一开始与一种武器技术有关，这种熟悉性表述促进了无人机这项新技术的采纳和使用。但是除了作为武器，无人机还有其他用途。为了强调该项技术的新颖性和更广泛的用途，创新者引入了"无人驾驶飞机"一词。他们还开始以更具体的语言描述无人机的具体用途，例如更快、更便宜地交付物品、进行高清摄影等，这种更加具体的描述强化了人们对无人机作为全能工具的认知。与此同时，无人机一词的军事含义慢慢边缘化。

更概况地描述熟悉性，会降低受众对以往技术质量寄予的过高的热情；对新颖性更具体地描述，则有助于凸显当前创新的功能和特征。

本章小结

创新者对全新技术的描述方式决定了人们对一项技术的接受和采纳（见图6-1）。理论和实践均表明，人们不喜欢完全的新事物，他们也需要熟悉感。但是我们发现，在推广创新内容的过程中强调熟悉性可能会给企业带来负面后果，即导致概念的焦点成了现有解决方案，而不是新的解决方案。因此，尽管一开始让人们原本不熟悉的事物看起来很熟悉，能促进新技术的同化，但是这可能影响到新技术在后期的吸引力，因为新技术新颖的一面被边缘化了。因此在介绍一项新技术时，创新者应该强调其熟悉性，随后应该着重强调其新颖性。

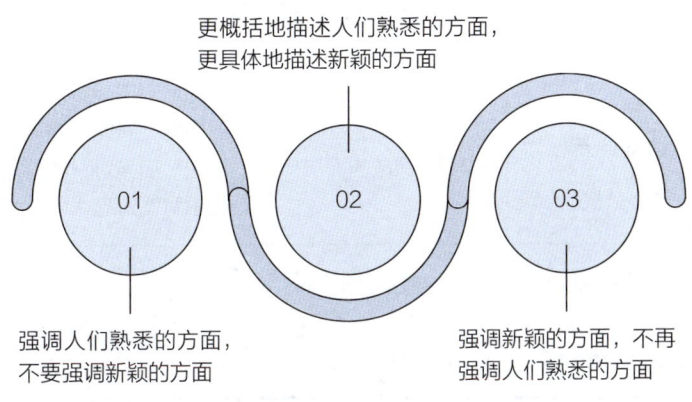

更概括地描述人们熟悉的方面，
更具体地描述新颖的方面

01　　02　　03

强调人们熟悉的方面，不要强调新颖的方面　　强调新颖的方面，不再强调人们熟悉的方面

图6-1　如何调整创新以获得资源、关注和吸引力

有一种有效的方法可以用于处理熟悉性表述和新颖性表述之间的这种转变和冲突，即在描述技术时进行概括和细化。一开

▶ **创造的成本：创新者的得失权衡**

始描述新技术时，应该说明其与现有技术的共同点，这种一致描述能促进人们接纳新技术。创新者发现客户开始认可新技术以后，对新技术的介绍应该越来越具体，而且强调其与现有技术的区别，从而体现新技术的核心特征，进一步凸显其特色和相对优势。总之，对转变的控制似乎取决于对熟悉性和新颖性二者的熟练挖掘（见表6-1）。

表6-1 如何介绍创新

不要这样做	要这样做	好处
将创新表述为熟悉或新颖的事物	将创新表述为既熟悉又新颖的事物	更成功地推动创新
在接纳的早期强调创新的独特性	一开始强调创新与以往解决方案的相似之处，尽量少讨论其新颖性	消费者能更好地理解并使用新的产品
在新技术立足后继续强调新技术熟悉的方面	在新技术立足后转而强调其新颖的方面	更好地利用创新最新颖的特征，对创新的需求增加；加强对其独特性和相对优势的认同
对某项创新的描述越来越概括，或者越来越具体	越来越概括地描述创新的熟悉性，越来越具体地描述其新颖性	从熟悉有效转向新颖

第七章
产品与用途：品牌建设过程中的冲突

用搜索引擎搜索"如何创建品牌"，你会发现一大堆专家建议，包括建立好记、有说服力，并且有效的品牌形象的操作指南以及小窍门。管理者通常专注于提高品牌的质量、创新性或者环保等级以及他们认为对客户有价值的产品属性。但是在追求强大的品牌形象的过程中，领导者通常忽视最重要的关系：客户基本上不会因为某个产品和服务好记或者环保，就选择购买。这些特征的确是一种优势，但是其本身并不能说服人们。人们购买产品和服务，是为了解决生活中的某些问题、完成某项工作等。企业在打造品牌时明白这层关系会更容易取得成功。

了解客户需要做的工作

客户购买的不只是产品或者服务，他们还用产品和服务来推进某项工作。根据哈佛商学院教授克莱顿·克里斯坦森（Clayton Christensen）的观点，这个过程被叫作"需要完成的工作"，客户

> 创造的成本：创新者的得失权衡

"聘用"产品和服务来完成这些工作。每项工作本身都很复杂，不仅有功能维度，还有社交和情感维度。例如，光知道一辆车很好开还不够，它还必须满足社交和环保方面的需求。开这辆车时你感觉怎样？你的同事、配偶和孩子会觉得这辆车很酷吗？

要打造能够完美完成一项工作的产品或者服务，需要完成3个步骤：第一步，了解这项工作；第二步，界定完成这项工作需要的体验；第三步，开发实现这些体验的过程。因此有必要将其按层次形象地表述为一系列问题，如图7-1所示。

客户需要做什么工作，即客户面临的基本问题是什么？客户想要取得什么效果？

对于我们需要提供的、用于解决该问题的产品和服务，其购买和使用体验如何？

需要哪些过程来提供这些体验？

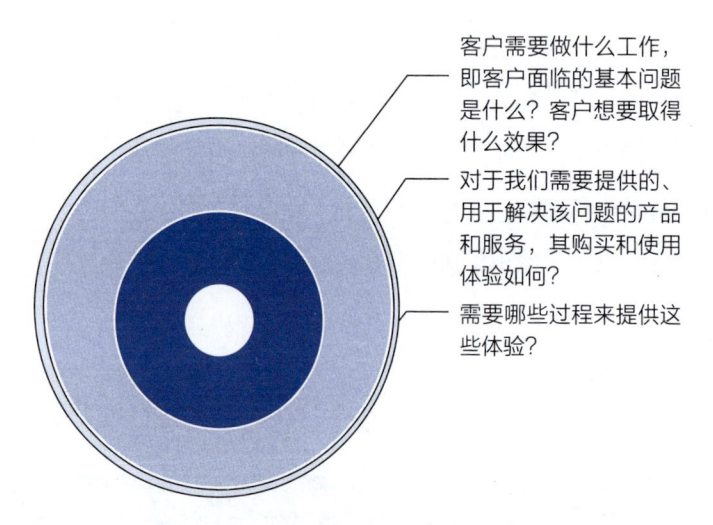

图7-1　如何形成并且维持独特的品牌优势

（1）了解客户需要完成的工作。每项工作都有功能、社交和环境三个维度，每个维度的相对重要性因环境不同而不同。尽管不同时间，人们为特定工作"聘用"的产品和服务可能不同，但工作本身是相对稳定的。例如很多人想要和远方所爱的人保持联系，大部分美国人曾经依靠美国邮政系统来完成这项工作，后来可能转向美国电话电报公司（AT&T），现在他们可能用苹果公司的视频通话软件 FaceTime 或者用脸书公司的视频通话设备 Facebook Portal 来做相同的工作，但是要做的工作没有变。要解决客户的问题，就需要站在客户的角度看事物，并且对客户体验有深刻的同理心。例如，宜家的高层深知大学生家长或者寻找事业发展机会的年轻专业人员等搬家时，通常至少需要直接购买一些新家具。不管是从克雷格列表（Craigslist，大型免费分类广告网站）网站上一件一件地搜索，还是从意品居（West Elm，家居企业）定制需要等好几个月才能收到的家具，都不适合用于完成此类客户的工作。

（2）界定必要的购买和使用体验。企业有必要了解客户在购买一款产品和服务的过程中，究竟需要什么样的体验。宜家发现人们想要快速购买家具时，不喜欢一趟一趟地跑，而喜欢在一天之内买全所有东西，并且尽可能把家具全部安放到位，于是宜家提供一站式购物服务——客户在宜家能买到家里每个房间需要的所有东西，宜家还提供当日达送货服务以及只需要一个工具就能轻松组装的产品。客户没有选择可以提供某系列产品功能的其他方案，而是选择让宜家来完成工作，正是因为宜家能够给予他们这些体验。从这个意义上来说，实物产品可以被看作一种服务，

▶ **创造的成本**：创新者的得失权衡

要问自己：产品体验能否帮助客户达到其想要的进度？

（3）设计过程来提供这些体验。为了可靠地提供这些体验，领导者需要重新思考，并重新设计企业结构。这样一来会产生一些影响，比如和零售策略、客户关系、存货管理和人才招募的内部和外部过程有关的影响，其目标是围绕客户完成工作所需的体验对各种过程进行整合。宜家采用大箱零售模式存放大量存货，并展示一整套家具，很多分店还带有餐厅和日托园，从而稳固了该企业在一站式购物行业的地位，平板包装家具则确保大部分家具都能使用汽车被轻松运回家。

将品牌与其用途联系起来

大部分创新领导者将品牌及营销与产品开发区别开来，但是我们建议将其看作一个整体。前文所述用于确定待完成工作的三个必要步骤，为品牌建立过程奠定了基础。

知名营销专家埃里克·乔基姆塞勒（Erich Joachimsthaler）和大卫·艾克（David Aaker）在二十多年前就发现，"广告始终是大部分品牌建设工作的基石"。传统上，广告的确一直是建设品牌的关键，是获得成功的第一步，也是始终需要反复进行的一个步骤，但是我们认为最有价值的广告，或许是每次都能圆满完成工作的产品。打造出这种产品的企业,会发现自己只需要为媒体花一点点钱。目标明确的品牌打造者把广告看作品牌建设过程的最后一步,而不是第一步。广告的任务不是引起广泛关注,而是将产品与其目标用途更密切地结合起来。联邦快递就是一个典型,它的经典口号"隔夜必达"使其和"可靠的隔夜快递"这一目标用途密不可分。

用途型品牌是与需要完成的特定工作密不可分的品牌,以至于其在潜在客户心中几乎成了该项工作的近义词,其甚至能够阻止潜在客户考虑其他选择方案。不断提供正确体验来完成客户工作的品牌应该对客户说:"我知道您在找什么,现在您不用再找啦!"谷歌、中目(Zoom)和Venmo等用途型品牌,已经和特定工作牢牢地联系在一起,以至于成了动词:"谷歌一下""咱们Zoom吧""Venmo我"其他用途型品牌的名字则让人联想到其想做的工作:万豪官邸酒店(Residence Inn by Marriott)鼓励客户长住,这也是这家连锁酒店想为客户做的事情。爱彼迎(Airbnb)把"爱彼床"(airbed,直译为"充气床垫")和"住宿加早餐"结合在一起,爱彼床是创始人为其首批入住客户提供的极简主义解决方案"气垫床"。该品牌名称有利于潜在客户将品牌和用途联系起来。

我们来看一个关于特定目的知名品牌的例子。需要快速报税或者不知道报税所需准备工作的人,可能会感谢报税软件特波税务(TurboTax),这是斯考特·库克(Scott Cook)创立的财捷

▶ 创造的成本:创新者的得失权衡

（Intuit，以个人财经软件为主要项目的企业）开发的针对单一工作的用途型品牌："帮我尽快轻松顺利地报税。"财捷的管理人员深知为了让客户能够完整地办理个人财务事务而需推出的定制体验产品和服务需考虑很多方面，例如实时聊天、审计风险分析以及持续技术支持等方面，因此他们告诉客户："我们知道你现在的困境。"财捷通过一种综合方法更好地完成客户的工作，这种方法就是配合管理者自动将工资表 W-2 输入 TurboTax，从而避免人工输入的争议和麻烦。

好的用途型品牌就像是客户和企业员工的指南针，指引客户选择能够完成其工作的产品。围绕吸引人的工作设计的用途型品牌，通常能够为提供该服务带来溢价。用途型品牌还能在开发、升级产品过程中，为企业的产品设计人员和营销人员提供指导，帮助其针对工作相关的功能、特征和体验做出合适的选择，帮助其决定改进哪些特征、不改进哪些特征。这种品牌本质上建立了自己的路线，这是初创企业一笔无价之宝，因为初创企业通常不知道哪些事情不能做。企业在制定其未来战略时，有效的用途型品牌有助于领导者发现哪些企业流程是必要的，哪些是多余的。

发明普瑞来（Purell）洗手液的戈乔工业（GOJO Industries）就有这样一条路线。①戈乔工业成立于第二次世界大战结束后，

---

① 相关内容摘自戈乔工业的企业历史。

第二次世界大战期间，戈尔迪·利普曼（Goldie Lippman）在俄亥俄州阿克伦（Akron）的一家橡胶厂上班。当时她用刺激性化学品洗手，于是想要一款更安全的洗手产品。她的丈夫杰里（Jerry）在当地一名教授的帮助下找到了答案，他们给其新产品取名为"戈乔洗手液"（GOJO Hand Cleaner）。戈尔迪负责采购和记账，杰瑞则负责开着车向人销售放在后备厢里的洗手液产品，但是被客户以产品太贵为由拒绝了。杰瑞很快发现了原因：工人把很多洗手液带回了家。于是他发明了第一个洗手液分量控制分配器，并申请了专利。

多年之后，戈乔工业扩张到了新地方，企业的营销人员发现客户不一定要洗很脏的东西，他们通常只是想要给手快速消毒。受这一想法的启发，企业于1988年发明了普瑞来，并于1997年首次将其投入市场，自此还催生了一些改进，例如推出免触碰分液系统和带计数器的分液系统以及普瑞来表面喷雾等新产品，这些产品在新冠疫情期间为人们提供了有效的防护。戈乔工业只做一件事情，其众多产品也都源自其完美锁定的这件事。

用途型品牌与需要完成的工作之间的牢固联系，为差异化、溢价和增长带来无数机会。例如一些大获成功的快速消费产品企业近年来未曾宣传新产品，而是出其不意地使用经久不衰的老产品，雅培公司（Abbott Laboratories）的电解质水信得力（Pedialyte）就很典型。电解质水从20世纪60年代就开始售卖了，当时作为防止生病婴儿和学步儿童脱水的补充剂。但是肠胃炎发作的成人后来也开始服用，人们甚至用其缓解宿醉产生的不适感。雅培公司开始通过一些新的社交媒体操作，瞄准经常参加聚会的人，并且在音乐节和体育赛事上销售该产品。在2018年新年夜之前推出的电解质粉的产品包装显示其为"一款可快速补充脱水导致流失的水分和电解质的气泡水"。如今该产品平均每售出三瓶，其中就有一瓶的购买者是成人。

打造用途型品牌案例：安德玛

运动装备企业安德玛的经历进一步表明，围绕明确任务精心设计的用途型品牌会自带宣传效应。一开始该企业的创始人凯文·普兰克就深知其运动装的任务以及应该提供的体验。1992年，矮个子普兰克尝试通过一场选拔赛（而不是招聘）组建马里兰大学橄榄球队（Maryland's football team）。经过艰苦努力，他成了先发后卫，最后成了这个特殊球队的队长。与此同时，普兰克冥思苦想，如何才能提高自己的表现，随即意识到他的队服不给力。

普兰克爱出汗，他说自己是"运动场上最爱出汗的选手"，再加上队服的棉质基层，他的感觉就更糟了，他运动完后，队服变得湿漉漉的，塑料肩垫下的布料拧在一起。普兰克回忆说："有一回我脱队服时，它碰到了地板，发出一声重重的闷响。当时我看着这些被汗水泡得湿漉漉、沉甸甸的队服就在想，这简直要命了，我一定要找到更好的球服。"干燥的上衣只有6盎司（约170克），出汗后可能有3磅（约1400克），很明显，这球衣简直就是球员的累赘。他说："这不只是不舒服的问题，我真的认为衣服太重会影响运动员的表现。"

普兰克的亲身体验让他更深入地了解其他运动员的苦恼，因此更能有效地抓住要解决的问题，他说："作为一名运动员，我深知这对橄榄球球员来说意味着什么，我对和比自己高大、强壮，而且速度更快的运动员站在一起的感受深有体会，我就问自己，要让自己获得优势，除了加强身体素质外，我还能做些什么？于是就有了这个主意。"

在打球过程中，他球裤下穿的固定护腿的弹力裤一直是干燥的——为什么不能把它的这种面料用在上衣上呢？普兰克拜访了纽约服装批发区的一些面料批发商，用专为女士内衣开发的各种尼龙和聚酯纤维做实验。他发现经过一种硅基溶剂改造的耐水聚酯纤维，能够吸收并且释放皮肤表面的水分，这种特性叫作"吸湿快干"。加入氨纶纤维以后，面料能够紧贴人的身体并压迫肌肉，这种特性被认为能够帮人增强耐力，并提高速度。1996年，大学毕业后，普兰克为橄榄球球员研制出一种原型基层，并且开始在其祖母的地下室出售这种产品。

早期销售经验提高了产品性能，普兰克将他的T恤拿给他在大学及在美国国家橄榄球联盟（NFL）的朋友们，同时也留下了订单表用于订购。"我尝试和他们强调，我的'安德玛T恤'能够帮助这些运动员提高表现，我说，我的T恤将是他们打球的好帮手，（卖它们赚的钱）对我其实并没有什么。"最早穿这些独特的贴身T恤的运动员，一开始被人嘲笑，普兰克记得有个选手说："你穿的这是什么玩意儿？"但是，随着这种衣服的舒适感和高性能越来越明显，更多运动员开始尝试穿了。

普兰克及其团队不断克服各种困难，集中精力提高产品性能。运动员说，穿上普兰克的衣服后感觉很棒，因为它激发了他们的自信心，因此感觉自己发挥得更好了。由于锁定了产品功能，安德玛这个用途型品牌如虎添翼，1997年，安德玛向佐治亚理工学院橄榄球队（Georgia Tech football team）卖出了第一个大单子，佐治亚理工学院（Georgia Institute of Technology）与克莱姆森大学（Clemson University）及佛罗里达州立大学（Florida State University）进行了橄榄球比赛后，后两所学校均下了订单。球队的装备管理员们帮了不少忙：普兰克发现他们经常私下交流，通常被授权为整个球队采购装备。经过与佐治亚理工学院橄榄球队的装备管理员和球员交流，美国国家橄榄球联盟的亚特兰大猎鹰队（Atlanta Falcons）下了一个订单；和亚特兰大猎鹰队对决后，纽约巨人队（New York Gaints）也找到了安德玛。普兰克感叹道："真是一个接一个，一步一个脚印走到现在。接下来的事情你都知道，球员们一个给另一个推荐，然后整个小组都买了（安德玛的产品），后来就是整个球队（都买了），然后就是和这个球队比赛的其他球队（也买了）。"

这些成功远远超出了普兰克最初的预期，他回忆道："当时我只想着为橄榄球选手们做出全世界最好的 T 恤，要是我能解决这个问题，我就知足了。"然而产品很快展现出更广泛的用途，"买我们衣服的橄榄球球员也打篮球、长曲棍球，他们的家人和朋友也喜欢打长曲棍球、曲棍球，还喜欢踢足球等，人们就这样一传十、十传百，我意识到基层面料的需求越来越大。"很快，在玩滑雪板时，孩子们开始在羽绒服下穿一件橄榄球基层高领套头衫，后来部队也开始下订单了。最后安德玛产品增加了一个服装扩充系列，因此很受专业运动员和运动爱好者的欢迎。

安德玛依然不断专注于研发能够提高运动员表现水平的产品。宣传开始很省钱：一名身穿安德玛高领套头衫的运动员登上了《今日美国》（USA Today）杂志封面；普兰克得知以橄榄球为主题的新电影《挑战星期天》（Any Given Sunday）正在拍摄时，他找到了导演奥利弗·斯通（Oliver Stone）。斯通非常敬佩安德玛的"草根精神"，并且为整个剧组订购了安德玛产品，尽管这部电影对安德玛有巨大的宣传价值，但普兰克依然向斯通收了钱——从一开始企业就明确表示，反对通过免费赠送服装来推广并宣传产品。1997年迈阿密海豚队（Miami Dolphins）为队员向安德玛免费索要服装，被安德玛拒绝了。1998年，安德玛请棒球明星巴里·邦兹（Barry Bonds）穿安德玛服装拍照，对方索要5000美元，也被安德玛拒绝了。最后迈阿密海豚队为服装付款，邦兹也同意免费拍照，安德玛则回赠以运动装备。普兰克说："你的产品必须实力过硬，这样才不必花钱请人穿！"

等到真正花钱做广告时，安德玛强调的产品宗旨是：帮助运动员更好地发挥。安德玛的第一条电视广告"保卫球队"于2003年播出。视频以蒙太奇手法展示体能房和训练场上的训练情景。广告中，普兰克的一个大学队友运动员带领激情澎湃的球队不断喊出："你愿意保卫这个球队吗？我愿意！"这个口号强调团队合作和备赛状态，因此引起了全国运动员和粉丝的共鸣，还被体育节目主持人和大卫·莱特曼（David Letterman，演员、制作人）等电视名人转发。到2005年，安德玛的销售额已经达到28 110万美元，净收入达到3580万美元。到2017年，其总收入已达到约50亿美元。这个曾经的后起之秀，也开始成功进军由耐克和阿迪达斯主宰的运动鞋服市场，成为用途型品牌的"活教科书"（见图7-2）。

安德玛

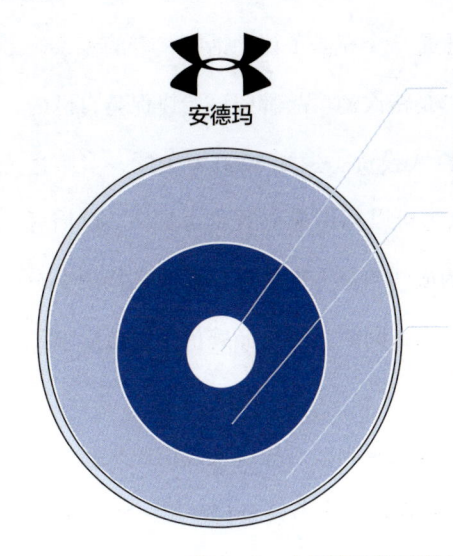

可促进发挥的舒适、吸汗排湿的运动内衣

性价比高,有效、可靠、轻质,支持多渠道购买

通过各类活动测试客户;形成比较优势。除大学生运动员外,扩大营销的目标受众(军人、高尔夫球运动人士等)

图 7-2　安德玛打造用途型品牌的过程

为用途型品牌增加新产品时面临的挑战

领导者可以通过在现有品牌结构中增加相关新产品进行扩张,这就需要建立一个双层品牌结构,原品牌因此为新产品代言,赋予其合理性。例如佳洁士牙膏作为宝洁的一个牙齿清洁与保健相关品牌,成为洁白牙贴(White Strips)的代言品牌,洁白牙贴是为了完成"帮我美白牙齿"这一特殊工作。"双层品牌结构"这个概念就用途型品牌提出了一个基本问题:品牌到底能扩展多少?代言品牌意味着企业可以无限推出新产品吗?

▶ 创造的成本：创新者的得失权衡

在营销领域，品牌扩张是一个充满争议的话题，有的专家认为实际上所有的品牌扩张都是错误的，品牌应该始终保持自己的焦点。看到推出新品牌的巨大投资（少则5000万美元，多则远超1亿美元），其他人则认为可以利用现有的成功品牌，健怡可乐和苹果手机就是这方面的成功典范。创新领导者通常持中立态度：他们渴望品牌扩张的潜力，同时又明白品牌扩张可能影响到原品牌。

我们的研究发现了以下4条规则，领导者可以借此来扩张用途型品牌，同时最大限度降低风险［本节摘录自罗里·M.麦克唐纳等人的《用途型品牌》(*Purpose Brands*)］：

● 一定要在品牌中增加可以用来做同一件工作的新产品，这样就不会不清楚品牌到底代表什么。索尼将其原始产品中的漫步者（Walkman，随身音乐播放器）品牌扩展为一款新产品CD（小型激光唱盘）播放机，因为在MP3（媒体播放器）出现以前，客户的基本工作是一样的：边走边播放录制的音乐。

● 不要把原始用途型品牌可以完成的工作扩展到其他工作，否则原始品牌对消费者而言可能丧失意义，或者被冲淡。不同的工作需要不同的用途型品牌，福特在1999年收购沃尔沃后，开发出一款华而不实的车来和宝马、奔驰等的豪车对抗。在其营销过程中，未能充分突出这款车的安全性，结果不仅销量下降，而且给竞争对手留下可乘之机——它们纷纷宣传自己产品的安全性。到 2005 年，福特已经开始亏损，2010 年福特放弃了该款产品，以巨额亏损卖给了中国汽车制造商吉利。沃尔沃北美首席执行官托尼·尼克罗西（Tony Nicolosi）在 2013 年告诉《汽车周刊》（Autoweek）杂志：[①]"我们要回归初心了，公众开始追求简约，这也是我们品牌的宗旨——环保、家用、安全，我们以前只是不太擅长宣传它（这一宗旨）。"

● 领导者可以用现有品牌为用途不同的产品代言，但是需要为新产品建立一个新的用途型品牌。他们通常称其为"子品牌"，只要这些子品牌能够完成其使命，就不会损害原品牌，而且还会因原品牌的代言而获得合理性。万豪（Marriott）创立了万豪官邸酒店和行政公寓（Marriott Executive Apartments）两个长住品牌来完成与临时入住相关的特定类型的工作。和其旗舰品牌万豪酒店及度假村（Marriott Hotels & Resorts）相比，万豪官邸酒店以整体厨房、舒适休息区、社交程序设计以及杂货配送为特色。

● 使用两个词语组合的品牌名称结构，从而将新成立的用途型品牌 [即庭院（Courtyard）] 和作为代言的原品牌（即万豪）区别开来。在向下级市场发掘裂变式增长机会时，这种做法尤其重要，优步泳池（UberPool）和优步餐饮（UberEats）就是典型。

[①] 本例摘录自克莱顿·克里斯坦森等人的《与运气竞争》（Competing against Luck）。

▶ 创造的成本：创新者的得失权衡

💡 陷阱和挑战

用途型品牌很少。鉴于其成功率很低，我们想了解其背后的原因。

一种解释可能是营销人员不愿意花费大工夫来明确品牌的目标客户需要做的具体工作。人人都知道大家为什么要买汽车或汽水，谁还需要做研究呢？如果营销人员真的进行市场研究，他们有可能依赖人口统计数据或者心理学统计数据提供的市场细分结果，但是品牌的目标客户需要做的工作很少符合性别、年龄和收入水平等常规的市场细分类，而且通常超出预料。亲自观察潜在客户并与其交谈，然后总结观察和交谈结果，从而明确这些潜在客户是如何尝试改善其生活的，这些工作无法替代。

但是导致用途型品牌稀缺的主要原因之一，可能是打造用途型品牌过程中产生的冲突。用途型品牌是为了帮助客户完成特定工作，于是其营销人员就自然而然地关注该品牌和该工作的联系，他们不想介绍该产品的其他用途，因此实际上有意将无数的潜在客户拒之门外。对于企业管理人员或志向远大的企业家来说，这种拒绝很可怕，因为企业结构决定了品牌总是要向其他领域扩张，这种扩张的诱惑难以抗拒。为了有朝一日能扩张到周边产品类别，成功的品牌通常会精准地积累雄心、资本和能力。假以时日，将形成一个强大的用途型品牌，有大量的潜在机会进入新市场。由于投资者通常渴望增长，因此拒绝增长需要勇气，需要坚持品牌原则，这对于用途型品牌极其重要。

即便安德玛的服装越来越受欢迎，并且开始向运动和健身市场有机扩张，其领导者也不愿意让品牌扩张超出其认为的核心市场。向运动鞋和钉鞋扩张是符合逻辑的，但是不可能扩张到最时尚的运动休闲装（这只是当时的情况，后来他们重新考虑了该想法）。一些联合品牌运动饮料企业、建筑企业与医疗企业也与安德玛洽谈过，第一类被拒绝，第二、第三类则是希望安德玛为其制作工装。医生、护士、理疗师，以及可以适当自由选择工作服的其他医务人员，需要能够经受工作期间长期大量活动的高性能面料，全世界医疗工作场所中专业人士身上宽松肥大又厚重的棉质防护服似乎该更新换代了，但是安德玛拒绝了，因为其推断这些目标客户可能不符合其当前战略，即成为值得信赖的功能性运动服装品牌。有位高级管理人员解释道："它很有可能让我们大赚一笔，但是作为一个运动品牌，这么做不合适。"

但是，错失基层面料市场兴起阶段的其他运动服装企业的情况让我们明白，一个品牌放弃的东西可能是另一个新品牌的目标。费格氏（FIGS）是由曾经的医学生希瑟·哈桑（Heather Hasson）于2013年创立的时尚医用防护服品牌。当时哈桑亲手把自己的医用防护服改得更贴身，随后她发现并抓住了商机。FIGS和安德玛有点像，一开始也是有个富于创新精神的人，用自己

▶ 创造的成本：创新者的得失权衡

做的东西满足了特定需求。和普兰克在马里兰大学更衣室遇到的情况一样，在洛杉矶西达赛奈医疗中心（Cedars Sinai Medical Center）的停车场，哈桑及 FIGS 的共同创始人特里娜·斯皮尔（Trina Spear）开着车售卖其临时制作的产品时，发现了一种正好被现有竞争者忽视的市场需求。FIGS 因此成立了一个强大的用途型品牌，既舒适又时尚的医务人员工作服。

用途型品牌的核心必须长期维持，否则其特色会烟消云散，比如迷你（MINI）。MINI 最初是英国汽车品牌，以独具特色的娇小身形风靡欧洲，该品牌于 20 世纪 90 年代被宝马收购，并引进北美市场，并于 21 世纪初开始被大力推广。在 MINI 的各种品牌营销活动中，就有电影《王牌大贱谍 3》（*Austin Powers in Goldmember*）和《偷天换日》（*The Italian Job*）中的重要镜头，这两部电影均展现出 MINI 在其特别上镜的欧洲电影中的娇小身形和动感外观。包括刚被宝马收购时，MINI 的品牌内涵向来非常明确：娇小、动感、欧式风格。

在 21 世纪初期，MINI 销量始终稳步增长，尽管 MINI 某种程度上依然是个利基品牌[①]。2011 年，由于销售滑坡，同时预期小型奢侈 SUV（运动型多用途汽车）市场会增长，MINI 引进了"迷你乡村"（MINI Countryman）SUV。设计师小心维持独特的

---

① 指以某种专门的产品在一个狭窄定义的细分市场内竞争。——编者注

MINI 风格，但是评论家对此举表示怀疑，丹·尼尔（Dan Neil）在《华尔街日报》上写道："冒着被指责的风险，我觉得为了维持品牌的纯粹、连贯，有时候汽车企业不能为了几千美元，甚至几十万美元销售额而折腰。MINI 经过多年努力，才树立起自己作为汽车领域'逆行者'的形象，如今却和其他汽车制造商没什么区别，反而给对手留下了可乘之机。"一开始 MINI 这种带有风险的策略似乎还有成效，其销量在 2011 年和 2012 年猛涨，但是继 2012 年的高峰之后，销量开始持续下滑，导致一些人开始怀疑转战新市场是否瓦解了 MINI 这个品牌的核心力量。

除非领导者能够意识到，专注不过是让自己远离可能永远不擅长的市场，否则专注会引起惊慌。毫不动摇地专注于客户尝试完成的工作，能大大提高新产品开发和品牌建设的成功率。

本章小结

建立成功的用途型品牌是每个经营者的梦想，好的用途型品牌自己会说话，从而带来溢价，并阻隔竞争对手。但是历史表明，建立用途型品牌的失败率远远超过成功率。为什么？很大程度上是因为领导者过于关注品牌的身份和形象，而不去思考如何完善并支撑品牌目标：帮助客户做事情——这对客户来说恰恰是最重要的（见表7-1）。我们建议领导者将品牌建设与营销和品牌开发过程结合起来，并且采取以下步骤：（1）了解品牌如何才能满足客户的功能、社交和情感需求；（2）确保客户在购买产品和用产品解决问题的过程中有完美的体验；（3）如果一个品牌已经与客户需要做的工作完全匹配，则需要制定并调整完成工作的过程来强化这些体验。一旦用途型品牌产生吸引力，则需要思考是否采取下一步：使用该用途型品牌为其他品牌代言，以赋予其合理性。

表7-1 用途型品牌的建立和扩张

不要这样做	要这样做	好处
过分专注品牌的身份和形象	深入思考如何完善品牌目标——帮助客户完成需要做的工作——以及客户面临的基本问题和客户渴望的解决方案	客户想拥有的，用于完成特定任务的宝贵的产品和服务
采用传统的市场研究或细分类别确认目标客户需要做的工作，例如性别、年龄和收入水平	观察客户在做什么，弄清楚客户"聘用"的替代品	明确了解客户是如何尝试改善生活的
假设客户因为某一组产品特征决定购买该产品	确定为了出色完成客户需要完成的工作，一件产品应该具备哪些附带的（功能、社交、情感上的）体验	大量的差异化、溢价和增长机会

续表

不要这样做	要这样做	好处
一开始就大量投资于营销	设计企业结构，从而可靠地提供客户渴望的体验	获得一条通向未来的路线
品牌扩张超出品牌目标	将能够做相同工作的新产品纳入原品牌	不会失去或者稀释品牌对客户的意义
拒绝改变现有品牌	用现有品牌为帮客户做不同工作的产品的质量代言，然后围绕该产品创建一个新的用途型品牌	新品牌将享受代言品牌赋予的合理性

第八章

重大改变：如何转变战略并让利益相关者接受新战略

1908 年，挪威人罗阿尔德·阿蒙森（Roald Amundsen）计划去北极点探险，他说服科学家们分享他们的专业知识和装备，获得了挪威议会的批准，并且说服其他赞助人给该项目投资。他借了 400 吨级三桅纵帆船"前进号"，并招聘了一批甘愿冒着生命危险踏上穿越冰雪覆盖的白令海峡之旅的人。挪威老百姓的支持使他很兴奋，想象着他将把挪威国旗插上人类从未涉足的北极点，但就在起航前，阿蒙森得知美国探险家罗伯特·皮里（Robert Peary）和弗雷德里克·库克（Frederick Cook）已经比他先一步抵达北极点。现在该怎么办？

阿蒙森陷入的困境对于创新者来说太熟悉了。启动大项目需要获得各种支持，你得找到资金、人员，还得找媒体宣传，要吸引到所有这些资源，你得会讲故事。这个故事通常围绕一个问题、一个解决方案、一项计划和一个目标，并且通常能体现一个领导团队的才智，你要把这个故事讲得让人一听就热血沸腾、令人信服。幸运的话，这个故事会引起大家的兴趣，于是各种资源

▍创造的成本：创新者的得失权衡

都涌来了，包括新的合作伙伴和其他各种支持，最终带来客户。但是在这个过程中，领导者通常会发现自己犯了一个错误，即这个计划不合适，发现自己劝大家把时间、金钱和精力投在了一件不合适的事情上，这时领导者需要转变战略。

从理论上说，转变方向对企业和新项目而言都是一件好事，取得长久成功的过程注定不会一帆风顺。科尼利尔斯·范德比尔特（Cornelius Vanderbilt）从做蒸汽船转行做铁路，威廉·瑞格利（William Wrigley）从卖烘焙粉转行卖口香糖，推特一开始是做博客词典，点评网站耶扑（Yelp）最初提供自动电子邮件服务，而油管网（YouTube）则曾经是一个约会网站。进行业务转型的领导者因为节约了资源，同时继续向客户、业务合作伙伴和新科技学习，因此降低了失败的概率，前提是他们并非在一次失败创业后，毫无目的地转向下一次创业。

但是如果控制不当的话，转变战略会导致一个问题，重新定向意味着公开承认领导者一开始坚信的计划是有问题的，这种偏差会带来一些影响，并且表明管理缺乏统一性，并且领导层能力不足。资源提供者、员工、记者、客户，他们都要企业给出一个明确的说法，即为什么会出现问题以及企业接下来打算怎么办，只有说服他们，他们才会继续提供支持。

和科学家一样，创新领导者会提出并且测试假设，从而寻找切实可行的解决方案，这也是低收益初创企业开办的基础。但是为了让人相信企业转变定位是合理的，在与周围各种受众打交道的过程中，这些领导者还必须像政治家一样老练。在新冠疫情暴发之前，很多企业增长很快，可如今发现收益下降了，慌乱之中，他们仓促建立新的业务模式，并且重新制定企业战略。有些初创企业在新冠疫情暴发之初，发现了商机，例如为居家经济提供服务，然而随着社交隔离管控的放松，他们发现这些商机消失了。大家都拿不准新冠疫情将对消费者习惯产生什么样的长期影响，而最有可能挺过新冠疫情的，将是那些能够灵活调适，并且能够让利益相关者死心塌地地跟随自己的企业。

  领导者怎样才能做到这一点呢？我们和同事做了 90 次采访，采访对象包括企业创始人、企业创新领导者、市场分析人士以及财经记者，我们还考察了与表现良好和表现较差的企业（其中大部分是新技术企业）有关的几十篇新闻报道、分析报告以及媒体故事。在此研究过程中，我们发现了一些策略，它们是在重大转变期间取得并维持利益相关者支持的关键。我们开始觉得有必要让读者认为，战略转变是一种能够产生这些策略的建设性冲突。本章阐明在企业不得不调整并改变期间，领导者维持企业一致性的过程，即各个步骤之间的顺序（图 8-1 为该过程的总结）。

▶ 创造的成本：创新者的得失权衡

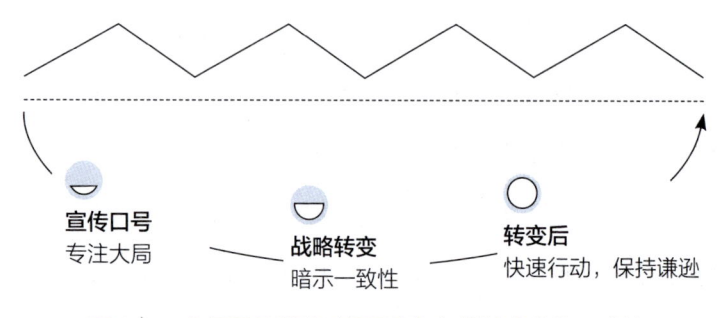

图 8-1 必须调整战略时领导者如何维持企业的一致性

（图中标注：宣传口号 专注大局；战略转变 暗示一致性；转变后 快速行动，保持谦逊）

💡 宣传口号：专注大局

为了取得信任，尤其是资源提供者和合作伙伴的信任，领导者一开始必须制订一项独特而具体的计划，该计划要能满足某种特定市场需求，或者解决某个特定问题，应该包括一种合适的产品概念以及一项实现增长和赢利的计划。但是由于急于让其解决方案获得最初的支持，领导者通常会自缚手脚：描述越具体，最后越容易出错。我们的研究表明，聪明的领导者会以宽泛描述来避免该陷阱，即提出一种笼统的远大抱负，而不是具体的解决方案，从而留出腾挪空间。

为此，领导者就要克制住细化产品特征或者功能的冲动，尤其是一开始的时候。好的创新领导者通过迎合情感需求，并强调宏大目标来感染别人，他们并不制定具体的路线图，而是承诺要实现一个目标。微软要促进现代化办公，领英（LinkedIn）要联合全世界的专业人员，提高他们的生产力和业绩，巴塔哥尼亚（Patagonia，户外运动品牌）要拯救地球。这并不是说领导者不再值得信任，或者开始随性而为。将许多宏伟而抽象的想法聚合起来，实际上有助于受众看清自己的梦想。政治科学研究表明，选民积极支持的候选人都能提出宏伟目标，这种目标能够避免领导者出尔反尔，同时给选民丰富的想象空间，二者有着异曲同工之妙。我们的研究发现，对利益相关者采取类似方法的创新领导者，能够激发更大的热情和支持，最终赢得更多资源，产生更大的凝聚力。

我们商学院的同事经常责备企业的愿景太抽象，或者充满陈词滥调，但是强调为受众普遍接受的原则，尤其是很受欢迎的原则，这有助于让利益相关者支持早期的战略转变。奈飞早期的行为就是一例，后来尝试转为流视频的奈飞创始人里德·哈斯廷斯（Reed Hastings），一开始说要为每个人提供最好的家庭影院，而不是邮寄光盘——尽管这才是该企业当时真正的产品。后来该企业转向数字发行，最初的万金油式愿景依然适用，就连其企业名称也和其未来发展路径一致。哈斯廷斯说他曾经想等技术条件成熟时做点播视频，因此取名"Netflix"[1]。

---

[1] "Netflix"由"net"（网络）和"flicks"（电影）的变体"flix"组成。——编者注

▶ 创造的成本：创新者的得失权衡

但是，为了满足支持者对宣传口号的具体内容和特色的好奇心，创新者会冒险详细介绍自己的身份以及自己目前正在做什么，但此刻其实二者都还不明朗。等到后来想要改变路径时，创新者就可能会陷入形象危机：显得自己不能保持初心、不够真诚，或者有点投机主义。某增强现实企业一开始将其新产品吹嘘为面向消费者的一款优质游戏耳机，同时很谨慎地设计了一个可以让人自由想象的形象，提出的口号是"解放你的思想"，等等，但是在游戏开发人员和消费者还无法按预期速度充分理解增强现实时，该企业的管理人员开始寻找其他市场，他们竞标一个出售增强现实耳机的政府项目，但是未能中标。

💡 战略转变：暗示一致性

人们很重视言行一致。经过分析企业的媒体新闻报道以及客户、合作伙伴和投资者的反馈，我们发现令人迷惑的行动路线会让企业丧失受众，受众认为言行不一的企业不够正规，因此最终不值得其支持。但是如果后期的转变和之前明确传达的大目标一致，受众则不大可能觉得该转变很关键。然而新战略方向和最初的宣传口号之间的关联，有时候并不明显，为了维持可信度，并避免被惩罚，领导者需要突出二者之间的关联。

旅行箱初创企业即旅（Away）的创始人斯特美·科丽（Steph Korey）和珍·鲁比奥（Jen Rubio）发现，她们的旅行箱没法赶在圣诞节前做出来了，但是在圣诞节前供货是企业之前给投资者、客户、记者和其他利益相关者承诺过的，于是企业赶紧印刷了一本有关旅行的咖啡桌读物，凭借此书和一张礼品卡，可以在来年兑换一只旅行箱。此举貌似已经完全违背了其原计划，很容易导致支持者不知所措，从而放弃这个初创企业。然而这两个创始人明确表示，此举符合其大目标——打造一个旅行和生活方式品牌。行李箱是该品牌的核心部分，但是一本书好像也是。投资者被说服了，媒体记者也是，有些媒体连续刊登出一款还未面世的行李箱的节日礼品信息。短短数周，即旅就出售了2000本书，意味着2000只行李箱已经被预订了，于是创始人要求对该书进行再版。

如果企业家重新设定的目标符合更大的社会目标，这种联系产生的效果甚至会更好。研究人员发现，志向远大的人不容易被追梦路上的改道所影响，我们深度研究的两家企业证明了这个观点。这两家企业一开始都提供一项服务，即帮助某网络社区会员复制成熟投资者的金融交易模式，其理念是吸引有能力的投资者进入该网站，找出其中最优秀的人，然后利用其投资策略。这两家企业的成立时间只差6个月，资金规模、团队规模以及营业范围都差不多，而且二者最终均放弃了最初的经营理念，并且转向基于软件的自动化投资服务。但是其中一家企业成为新兴的自动化投资顾问行业的领头羊，管理基金超过 10 亿美元，而另一家企业则被迫出售资产并倒闭。经过深入对比分析，我们发现，根本原因在于二者处理与利益相关者之间关系的方式不同，从而导致二者的结局截然不同。取得成功的那家企业即便是转变战略的时候，也从未偏离其宗旨——"让金融民主化"，其首席执行官将新经营计划定位为实现利益相关者所追求目标的另一种方式。

而最终倒闭的那家企业则每推出一项新业务，都会提出一个新目标，一开始是"让投资信息透明化"，后来是"让投资全民化"，最后是"值得信赖的投资顾问"。更重要的是，取得成功的那家企业会把计划的转变告诉利益相关者，反观这家最终倒闭的企业，其首席执行官及其团队很少和企业忠实的利益相关者沟通，从而导致利益相关者怀疑企业的转变是否明智。企业倒闭后，其首席执行官认为导致企业无法继续团结利益相关者的一个关键原因是信息轰炸，他说："对于之前关注最初远景计划的客户和合作伙伴而言，企业战略转变后的新定位让他们感到困惑。"

如果最初的宣传口号说得太具体，企业后期转变就会很难，但是企业也有可能保全面子，并且维持利益相关者的信心。关键在于换个角度考虑，并且扩展最初的宣传口号，而不是把它替换掉。早在 21 世纪 10 年代初，"三维机器人"（3D Robotics，简称 3DR）还是一个有 350 多名员工，并且快速增长的无人机企业，拥有自高通创投（Qualcomm Ventures）、理查德·布兰森（Richard Branson）等筹集的近1亿美元资金。但是到了2015年，3DR被质量更好、价格更低的竞争对手打败了，而且生产过程发生意外，导致其主打无人机发布计划延迟，再加上技术出现问题，节日大促销大受影响，资金外流，员工离职，每个人都坐立不安，尤其是投资者。

为了让企业起死回生，克里斯·安德森（Chris Anderson）组织了一次面向无人机软件和企业服务的重大战略转变（他曾经是《连线》杂志前副主编的首席执行官）。一开始突然介绍这种新业务让人心慌，有些媒体觉得3DR这次真的完了，安德森自己也承认他完全低估了竞争的激烈程度。但是他巧妙地传达出一种言行一致的信号，最终成功安抚了投资者。他是怎么做的呢？他重新审视原来的宣传口号，并把企业软件纳入其内涵：3DR要让互联网覆盖天空。在消费者和企业看来，不论3DR使用无人机还是其他方式达成此目的都无关紧要。有些投资者接受了这个新的宣传口号，尽管3DR曾身陷重重困难，但是依然筹集到了8000万美元来支持新的发展方向。重新审视并扩展宣传口号，也不是没有风险，因为很难把领导者最终做的所有事情重新包装并纳入原战略，也没有领导者想被人看作装神弄鬼的利益相关者。因此，最好是从一开始就设定更具包容性的企业目标。

企业战略转变的风险甚至比创立新企业的风险更大，因为

▶ 创造的成本：创新者的得失权衡

以前促使企业取得成功的过程和结构如今成了累赘，而且极难改变，因此导致企业成员士气低落。这些企业通常会遭到金融市场的惩罚，因为普通公众会仔细考察这些企业不得不做出的艰难决定。因此，成功的一个关键是对企业目标的描述要足够概括，然后才能把后期的战略转变和最初的宣传口号密切结合起来。赛富时公司（Salesforce）是大企业中精通这种方法的典范，它每发布一款新产品，都会将其融入其最初的、最大、最有意义的目标——"让数据传输民主化"。第一步是检查，第二步是将战略性转变融入宣传口号。赛富时公司在 2017 年发布人工智能数据分析工具"爱因斯坦分析"（Einstein Analytics）时，就采用了这种方法，包括发布随后的新服务"爱因斯坦"（Einstein）时也是一样。该企业证明所有这些行为都是为了实现"人工智能的民主化"。新闻报道、采访、营销资料都采用同一口号，即"让小企业有机会采用大企业的技术"，从而让每一次尝试看起来都是为了实现其更大的愿景。

转变后：快速行动，保持谦虚

创新领导者必须快速行动，才能抓住转瞬即逝的机会。资源限制和时间约束，通常决定了不可能采取更加审慎的方法，例如阶段性地撤回原来的产品，或者退出原来的市场。但是快速撤退并不总是能被现有客户和其他利益相关者接受，因为企业出现这种重大变动后，他们可能感觉自己被抛弃了。

在企业领导者向人们通知他们可能不喜欢的变动时，同情和自责对其来说是一种慰藉。如果提前告诉利益相关者，未来变动可能对其产生什么影响，或者如果企业领导者表现出对利益相关者状况的真切关怀，那么利益相关者会非常愿意继续保持忠诚，尤其是最有可能疏远企业领导者的那些企业员工和早期客户。人们似乎用不着提醒企业领导者在此时要"保持最起码的礼貌"，但是牢记这一点很重要。

有太多领导者认为同情代表懦弱，或者害怕一旦自己为某次战略转变道歉，利益相关者可能会对其失去信心。由于极其害怕失去支持，同时也由于坚持收益微薄的初创企业中"效率为王"的逻辑，有些领导者直接做出变动，而且从不承认自己的错误。他们并不给客户留出接受转变的时间，而是突然宣布转变的消息，只有利益相关者开始反抗甚至激烈反对时，他们才会道歉，但是为时已晚，利益相关者已经与其形成对立了。

特斯拉公司就没有管理好战略转变。2019年，埃隆·马斯克决定关闭特斯拉的大部分电动汽车零售店。他认为要刺激需求，就必须降低汽车价格，把销售转到线上，并且必须裁员。于是他发布了这个消息，但是并没有正式通知员工、新客户、传统

> 创造的成本：创新者的得失权衡

媒体等，而是给员工发了一封热情洋溢的电子邮件，在其中介绍了新车型、定价方法和对服务及生产的新投资，并且顺便宣布要关闭店铺并裁员。美国消费者新闻与商业频道（CNBC）公开该邮件的复印件后，特斯拉公司才公开了该邮件的原件。特斯拉公司随后遭到媒体攻击，被攻击的点包括其定价方式和不断变化的战略。10天后马斯克开始妥协了，说特斯拉公司会继续运营"数量远超"之前宣布运营的店铺，对改变计划的原因略做解释，但是这已经不管用了。向来掌握解释权的马斯克这次无法控制局面了，媒体记者很快拿这个新事件大做文章，质疑特斯拉公司领导层的能力，并且猜测特斯拉公司是否需要一个更强大的中层管理团队，甚至猜测员工是否会继续追随特斯拉公司的领导者。我们觉得如果特斯拉公司当时更谨慎地分阶段推行这次转变，及时告知利益相关者，并且对其表示同情，这一切本是可以避免的。

奈飞公司是另一个反例。2011年奈飞公司突然把产品价格上调了60%，同时宣布公司会就流媒体视频和DVD（高密度数字视频光盘）服务单独收费，这让客户很吃惊。在发布这一消息的同时，奈飞公司几乎没有介绍这次变动即将产生的影响，这让客户既迷惑又愤怒。首席执行官里德·哈斯廷斯则火上浇油，他发布了一条博文为这次涨价道歉，顺便表示奈飞公司将把邮寄DVD业务独立出来，更名为快斯特（Qwikster）。这一公告也让受众猝不及防，客户、媒体、投资者的反对更加激烈。几千个客户和评论者回复了哈斯廷斯的博文，说他狂妄自大，并批评该计划，哈斯廷斯随后宣布奈飞公司会彻底放弃之前宣布的业务分割计划。这一系列事件导致奈飞公司股价同期下跌 77%，损害了利益相关者对哈斯廷斯和奈飞公司的信心。这也告诉我们在重大转变期间，处理与受众关系时有哪些禁忌，后来被问及当时本应怎么做时，哈斯廷斯认为积极主动沟通很重要，他说："如果你真诚地对待别人，他们就会与你共患难。"

反观障幕（Glitch，网络编码平台）向社交办公软件 Slack 的转型则是一个出色案例。2012 年，Glitch 正在努力推出在线合作视频游戏项目，随后其领导者发现其为支持游戏玩家相互沟通而开发的消息传递技术会成为一个绝妙的企业工具，于是转向更有前途的相关业务。在面对可能受这次转变影响的其他人时，Glitch 的领导者非常谦虚，并且对这些人可能受到的影响深表歉意，该企业发表了一封致歉信，语言质朴而伤感，表示这项游戏吸引的玩家太少，对已经签约的玩家深表同情，对其提供的支持表示感谢，同时就本次关闭业务提供了重要相关信息，例如退款的具体流程等。Glitch 的领导者顺便提及新的通信产品，重点对可能失业的员工表示关切。该企业发给股东的信息真诚而务实，对股东的需求考虑周到，充满真情，随后宣布并执行了其决定。一旦技术用户感觉自己遭到藐视，将带来巨大风险，但这次转型最终并未引起强烈反对，不仅如此，这项新业务还从最早的投资者阿克塞尔合伙公司（Accel Partners）和安德森·霍洛维茨基金（Andreessen Horowitz）两家投资机构那里筹集了近1700万美元。在重大战略转变期间，Glitch有一些忠实客户，但是远不及奈飞公司的数百万客户之多，这无疑让其转型变得比较简单，降低了客户中途退出的概率，更有意思的是，Glitch（现为Slack）能够继续获得风险投资者的支持，而这些人一开始的投资理念与现在并不相同。

在向云服务转变期间，微软也是典型的快速执行，同时保持谦虚。微软以其整体发展路径和愿景为背景，煞费苦心地介绍本次转变，并证明本次转变符合其发展路径和愿景。为了让受众齐心协力支持本次变动，微软公司做出了各种努力，包括制作取名为《探云：百年一遇的范式转变》（*Expedition Cloud: A Once-In-A-Generation Paradigm Shift*）的一部信息量很大，由多个部分组成的系列视频。微软公司实际上一直在宣传本次转变的内容，包括利用视频、案例研究、电子书和播客进行宣传。《探云》再现了微软的发展历程，将本次转变融入公司的宏伟蓝图，并且承认以前遇到的困难。视频中称这些挑战"很艰巨"，并且承认这次面向云的转变是对其传统业务的一次"重大变革"。微软公司正在放弃其软件业务，本来有可能让利益相关者感到不安——即便是那些认为有必要转型的利益相关者——但是这样的一个介绍似乎挺管用，记者基本上对微软的本次行动持积极态度。这次战略转变最终看起来不像是对过去的否定,倒更像是业务的一次自然演变。

本章小结

历史上卓越的领导者都明白,在充满不确定的时期,尤其要学会讲故事和构建意义。随着很多行业被颠覆以及消费者行为变化越来越频繁,各行各业的企业越来越需要重新进行战略定向。领导者如何解读企业的彻底改造以及如何证明改造的合理性,将对企业对改造的承受力产生巨大影响(见表8-1)。正是因为认识到这一点,探险家阿蒙森在得知他人先自己一步抵达北极点以后,才宣布决定改变路线,他对他的挪威同胞说路线和目的地并不重要。他一直是科学发现的使者,也始终保持初心,这让他成为第一个抵达南极点的人。

表8-1 如果企业必须进行改造,如何证明改造的合理性

不要这样做	要这样做	好处
公布详细的宣传口号,以便介绍合适的产品概念以及具体的增长和赢利路径	笼统描述宣传口号,避免具体说明促使企业承诺达成某个目标的路线图	留出腾挪余地,获得更多热情和支持,最终获得更多资源

▶ **创造的成本：创新者的得失权衡**

续表

不要这样做	要这样做	好处
给每项新业务设定一个新目标	把新战略方向和最初的宣传口号及目标结合起来（尤其是广泛的社会使命）	在路线纠正期间维持可信度以及利益相关者的信心
突然改变路线，直到发现利益相关者做出消极反应后，才承认自己错了	主动向人们告知他们可能不喜欢的改变，并且对他们表示同情和歉意	经过重大转变后，客户和其他利益相关者不会有被抛弃的感觉

第九章
总结：从不可能的权衡到富有成效的冲突

17世纪的科学家认为，行星沿圆形轨道运行，这代表一种神圣的秩序，后来德国数学家、天文学家开普勒出现了。开普勒最初也相信宇宙展现出完美的圆形模式，但是他观察到火星在一个椭圆形轨道上运行，这和该理论不符。而哥白尼的理论则表明太阳是宇宙的中心，而且众行星围绕太阳运动，这也不符合他的观察结果。开普勒是个天才，他将自己掌握的知识与这些矛盾进行调和，最终得出一个理论：行星沿椭圆轨道而非圆形轨道运行。这一简洁的理论巧妙地解决了关于一些问题的众多矛盾，例如太阳的位置，同时为重力理论等后来的突破奠定了基础。

在现代社会，寻求创新的企业领导者也面临着类似冲突，他们应该专注于已经知道的东西，并且根据现有的数据做决策，还是应该相信自己关于未来的思想，并一路拓荒？应该依靠精准的路线图，还是追随吸引人的愿景？应该冒着犯教条主义的风险强调效率，还是应该冒着变得优柔寡断的风险，欣然灵活应对？应该追求持续领先，还是打游击战？引领创新注定

► 创造的成本：创新者的得失权衡

要面临各种冲突，其中任何一对冲突都有可能让领导者栽个大跟头。

即便是知名企业的卓越领导者，也无法确保每次创新都能成功。失败通常被归因于缺乏资金、才华，或者运气不好，但我们不这么认为。我们的研究揭示了一些观点，其中一个观点认为，领导者在努力接受并且有效引导创新固有的冲突。在与数千名领导者的互动中，我们发现最成功的领导者格外擅长控制这些冲突，而且即便没有开普勒那样的才华，也依然能够管理好这些冲突。

迄今，关于这些冲突的认识和探索非常少，也很少有关于领导者如何充分利用这些冲突的指导。由于大部分领导者面临的以不确定性、资源稀缺性和快速变化为特征的动态环境，非常容易形成各种冲突，因此对冲突的研究方面的空白会导致一些问题。本书聚焦这些固有冲突，每章讨论耗费领导者时间和注意力，并且需要解决的一对基本冲突，即一种持续的矛盾或者困惑。如何让客户对其从未想过的全新产品感兴趣？在重大转变期间，如何继续获得利益相关者的信任，并且继续获得支持？很多领导者把这些冲突看作一种不得不面对的痛苦取舍，因此不愿意在鱼和熊掌之间选择。然而我们提供了一种有效引领创新的新模式，该模式鼓励领导者积极看待这些冲突。

本书前八章介绍了如果领导者死板看待冲突，并且认为在冲突中的取舍是一种痛苦，那么他们将面临哪些窘境、困惑和失败，还介绍了如何让冲突富有成效，即在领导者寻求新的增长和创新机会的过程中，使冲突对领导者有益，并且可以为其所用。

我们介绍的模式让创造新产品、新服务、新业务和开拓新市场面临的挑战变得简单化。我们不要求领导者更努力，因为我们遇到的领导者已经非常努力了，我们是要领导者正确处理创新过程中无法避免的冲突，即预测即将出现的冲突，并且直面这些冲突，从而减少创新停滞不前的风险，让企业更好地准备应对复杂情况。

如何应对冲突

冲突对企业有利还是有害？这取决于如何应对冲突以及在很多情况下，是否能预测到冲突。为说明如何应对冲突，以下再次列出应对 8 种基本冲突的方式（见图 9-1 至图 9-8）：

▶ 创造的成本：创新者的得失权衡

灵活与专注
如何更有效地捕捉新的增长机会？

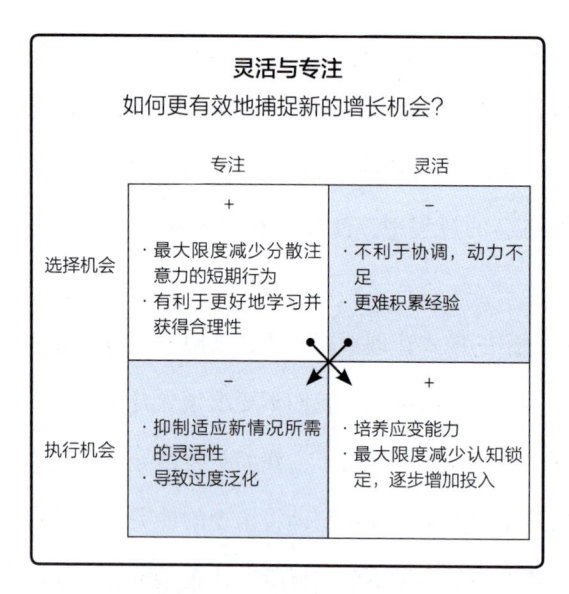

	专注	灵活
选择机会	**+** · 最大限度减少分散注意力的短期行为 · 有利于更好地学习并获得合理性	**−** · 不利于协调，动力不足 · 更难积累经验
执行机会	**−** · 抑制适应新情况所需的灵活性 · 导致过度泛化	**+** · 培养应变能力 · 最大限度减少认知锁定，逐步增加投入

图 9-1　灵活与专注的冲突

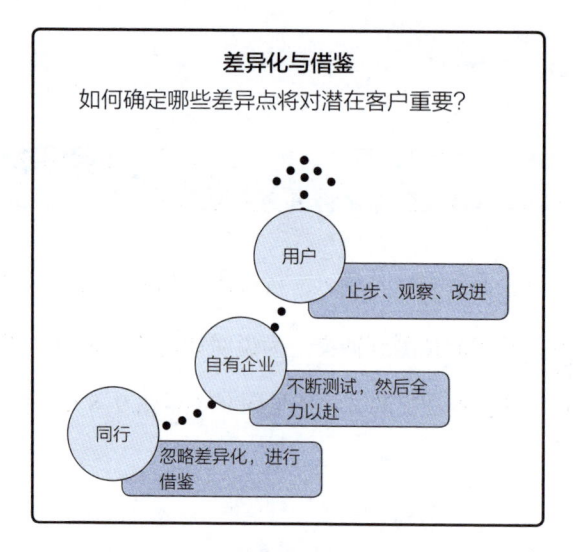

差异化与借鉴
如何确定哪些差异点将对潜在客户重要？

- 用户：止步、观察、改进
- 自有企业：不断测试，然后全力以赴
- 同行：忽略差异化，进行借鉴

图 9-2　差异化与借鉴的冲突

▶ 148

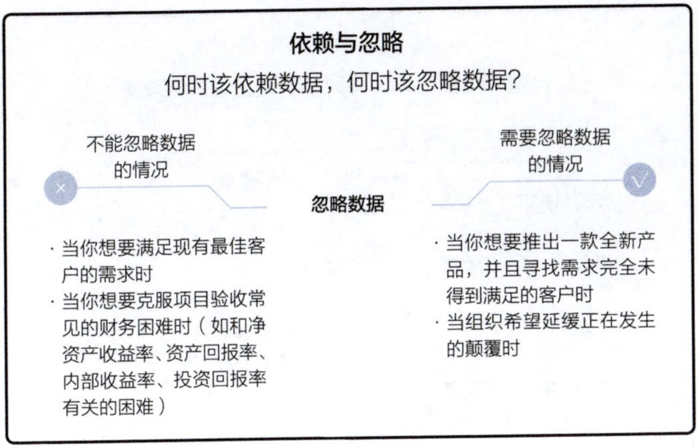

依赖与忽略
何时该依赖数据，何时该忽略数据？

不能忽略数据的情况

- 当你想要满足现有最佳客户的需求时
- 当你想要克服项目验收常见的财务困难时（如和净资产收益率、资产回报率、内部收益率、投资回报率有关的困难）

忽略数据

需要忽略数据的情况

- 当你想要推出一款全新产品，并且寻找需求完全未得到满足的客户时
- 当组织希望延缓正在发生的颠覆时

图 9-3　依赖与忽略的冲突

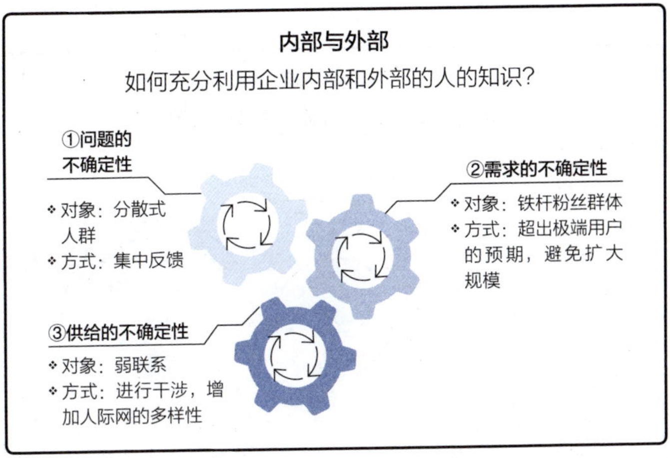

内部与外部
如何充分利用企业内部和外部的人的知识？

① 问题的不确定性
- 对象：分散式人群
- 方式：集中反馈

② 需求的不确定性
- 对象：铁杆粉丝群体
- 方式：超出极端用户的预期，避免扩大规模

③ 供给的不确定性
- 对象：弱联系
- 方式：进行干涉，增加人际网的多样性

图 9-4　内部与外部的冲突

▶ 创造的成本：创新者的得失权衡

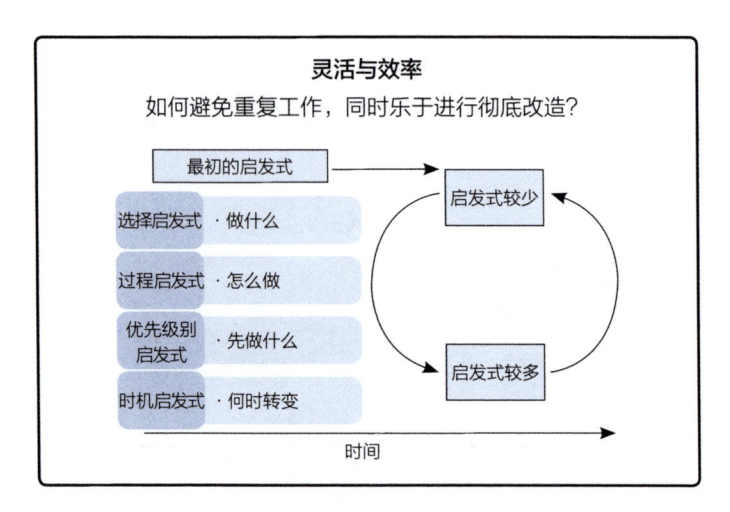

灵活与效率
如何避免重复工作，同时乐于进行彻底改造？

- 最初的启发式
- 选择启发式 · 做什么
- 过程启发式 · 怎么做
- 优先级别启发式 · 先做什么
- 时机启发式 · 何时转变

启发式较少 ⇄ 启发式较多

时间

图 9-5 灵活与效率的冲突

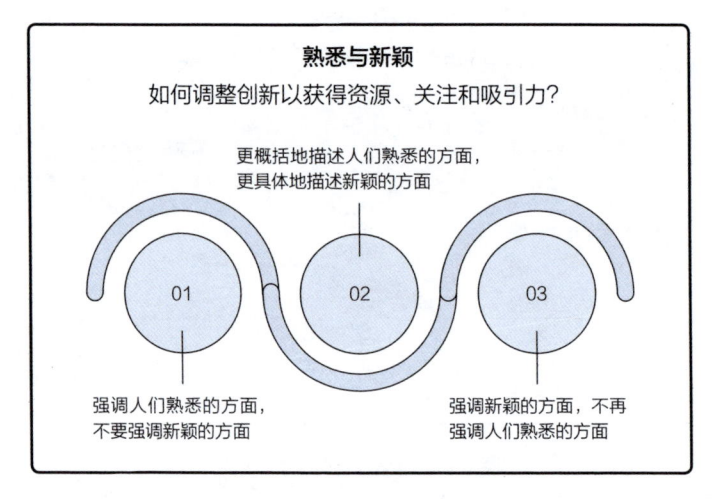

熟悉与新颖
如何调整创新以获得资源、关注和吸引力？

更概括地描述人们熟悉的方面，
更具体地描述新颖的方面

01　02　03

01 强调人们熟悉的方面，不要强调新颖的方面

03 强调新颖的方面，不再强调人们熟悉的方面

图 9-6 熟悉与新颖的冲突

产品与用途

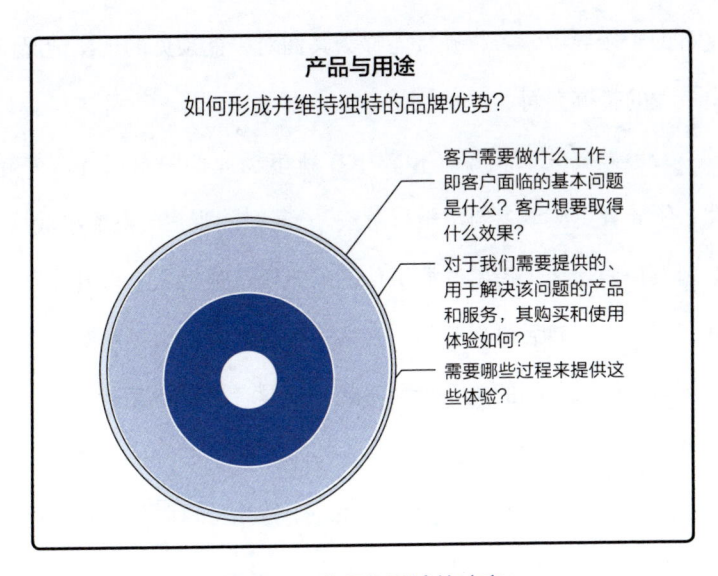

如何形成并维持独特的品牌优势?

- 客户需要做什么工作,即客户面临的基本问题是什么?客户想要取得什么效果?
- 对于我们需要提供的、用于解决该问题的产品和服务,其购买和使用体验如何?
- 需要哪些过程来提供这些体验?

图 9-7　产品与用途的冲突

坚持与改变

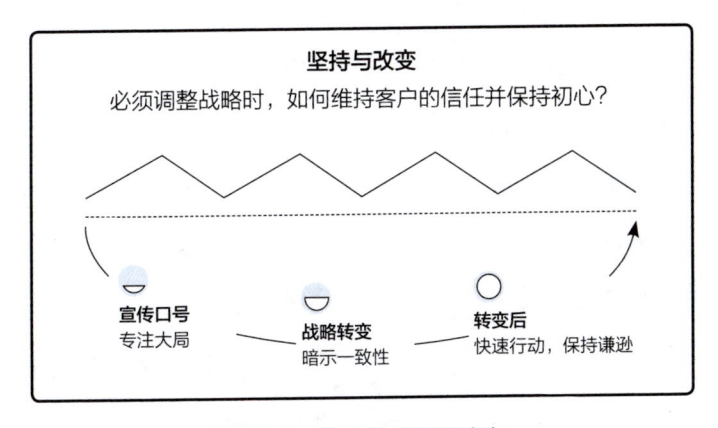

必须调整战略时,如何维持客户的信任并保持初心?

- **宣传口号** 专注大局
- **战略转变** 暗示一致性
- **转变后** 快速行动,保持谦逊

图 9-8　坚持与改变的冲突

（1）灵活与专注：捕捉机会包括选择机会和执行机会两个阶段。在选择机会过程中保持专注,在执行机会过程中追求灵活,这有助于领导者学习，并且能够为其面对未能预见的现实情况留出最大的腾挪空间。

（2）差异化与借鉴：相较于在新市场业务中直接寻求差异性，领导者更应该参与"平行游戏"，花时间观察"商业游戏场"上别人在做什么，借鉴并测试他们的想法，最终全力以赴建立一种商业模式，然后再次驻足、观察、等待。随着市场渐渐平稳以及行动和结果之间的关系逐渐明朗，领导者再更新并且优化自己的模式。

（3）依赖与忽略：我们生活在一个数据分析时代，但是巨大的进步通常始于精妙的理论，或者变革性的范式，而支持该理论或者范式的数据还不存在。与此同时，领导者应该在企业内部建立一个虚拟壁垒，从而将创新过程中使用或者忽略的数据，与企业日常运营过程中所用的数据区别开来。

（4）内部与外部：为了应对认知偏见并形成全局观，领导者应该利用企业内部和外部不同群体的专业知识。在正确的时间征求正确群体的意见，此过程即"群体排序"，它有助于在不确定因素中加速创新。领导者应该先在短时间内向各种群体寻求反馈，再对小型"铁杆粉丝"群体提供高质量内容，然后充分利用弱联系。

（5）灵活与效率：随着时间推移，企业的政策、路线和操作要求通常会变得越来越多，这些经验成果能够提高效率，但同时也有可能压抑领导者在动态环境中必须具备的灵活性。启发式，即经验法则，是权衡效率和灵活性的一种好工具。我们的研究证明流程合理的启发式有助于形成更好的决策和更合理的战略。

（6）熟悉与新颖：客户认知往往比技术优势更能决定一项创新是否被采纳。要引起人们的注意并产生吸引力，创新产品或服务需要看起来既熟悉又新颖。我们的研究表明在一个创新产品或服务未能立足之前，最好强调其和以往产品或服务之间的相似性，一旦该创新产品或服务被广泛接纳，企业就应该专注于这个创新产品或服务重要的新特点。

（7）产品与用途：要创建强大的用途型品牌，领导者和创新者应该：①具体说明产品和服务如何解决客户需要完成的工作，即如何满足客户的功能、社交和情感需求；②确保客户的购买体验以及使用产品和服务完成工作的体验；③制定过程让品牌成为工作的"近义词"，并且调整该过程。一旦用途型品牌产生吸引力，就要用它为具有类似功能的其他产品代言，并赋予其他产品以合理性。

（8）坚持与改变：要获得支持，就要正确地介绍新项目，但是在企业领导者改变路径时，或者在需要改变路径时，太具体地介绍项目可能会产生问题。领导者最初提出的愿景应该既吸引人又概括，避免向投资者和媒体提供太具体的信息。如果需要改变路线，领导者应该关注新路线和企业最初愿景之间的一致性。导致企业陷入困境的通常并非战略转变本身，而是如何向利益相关

▶ 创造的成本：创新者的得失权衡

者介绍转变，利益相关者是否感觉自己遭到背叛以及是否认为自己得到了理解。

常见情景及其中的主要冲突

不同情景会带来不同冲突，认识并预测给定情景中特有冲突的共同点是一种对领导者的基本要求，也很有启发性：

1. 进入新市场的成熟企业

进入新市场的领导者应该维持在通常更稳定的现有市场上的经营活动，同时促进改变，并适应一个更加动态化的新市场。

现有市场上的典型冲突：（1）效率与灵活的冲突；（2）坚持与改变的冲突；（3）产品与用途的冲突。

新市场上的典型冲突：（1）熟悉与新颖的冲突；（2）依赖与忽略的冲突；（3）内部与外部的冲突。

2. 成熟市场上的新企业

在这种情况下，领导者应该意识到该市场同时具备稳定性和动态性，应该快速提高经营效率，以形成必要的规模经济，同时要看到市场的动态性，以制定独特的优势战略。如果领导者无法预测环境的稳定性,就有可能无法有足够的效率来提高企业可靠性;如果无法预测环境的动态性,则可能无法充分适应环境,从而无法产生相较于竞争对手的差异化。

典型冲突:(1)灵活与专注的冲突;(2)效率与灵活的冲突;(3)差异化与借鉴的冲突;(4)产品与用途的冲突。

3.新市场上的新企业

在很多新市场上,通过其他方式竞争的企业的领导者必须共同制定支持市场运行的基本构成要素,例如交易规则和技术标准。在推广新产品的同时推广新的产品类别,会极大地增加不确定性,此时的风险在于以后可能会出现意外竞争对手,他们可能会利用企业早期的努力成果,但是却无须付出成本(例如大疆科技利用派诺特在消费级无人机上的成果)。

典型冲突:(1)熟悉与新颖的冲突;(2)依赖与忽略的冲突;(3)内部与外部的冲突;(4)灵活与专注的冲突;(5)差异化与借鉴的冲突。

应对技巧的普遍做法

归根结底,领导者应对哪些冲突以及这些冲突的组合方式才是最重要的。关键是要积极看待并且欣然接受这些冲突，而不是将其看作不好的东西。如果领导者能欣然接受矛盾和不协调性，他们就会鼓励进行尝试，这是产生全新战略行动的关键。因此一个突出问题产生了：应对冲突有普遍模式吗？我们发现了3种路径：排序、分离、综合。

（1）排序。在有的情况下，有必要及时将一对冲突中的两极区分开来。如果特定力量在不同时间起作用，那么排序很重要。这种技巧可用于应对熟悉与新颖、灵活与专注以及内部与外部等的冲突。比如，想象你负责引进一项可能形成新市场或者新行业的突破性技术，强调该技术的熟悉特征将有助于让用户感觉这项创新很舒服，从而愿意尝试。当该项技术立足以后，强调其新颖性将有助于确保其极具潜力的特征不会被忽略。排序能够在相互矛盾的力量之间形成连续性，一种力量（例如客户需要熟悉感）为另一种力量（例如仅因新颖性）铺平了道路。因此，优秀的领导者不仅要掌握各种冲突，还需要决定做一件事情的时间和方式。

（2）分离。第二种技巧是将单独冲突的两极区分开来，与此相关的冲突有差异化与借鉴的冲突以及依赖与忽略的冲突。假如你的数据结果显示需要忽略一项新产品，这和你改善现有产品以更好地满足最佳客户需求的战略相矛盾。于是你决定忽略该数据，并推出这款新产品，尽管预测的这款新产品的经济回报低于你的主流业务的经济回报。在这种情况下，领导者发现，这种冲突中相互矛盾的力量相辅相成，于是就想利用这2种力量，即在现有产品种类和客户方面依赖数据，但是在研究完全未获得产品服务的客户时则忽略数据。在这种情况下，有一种办法可以将冲突中一对相互矛盾的力量区别开来——建立一个真实壁垒，即从赢利能力更强的主流业务中分离出一个小小的独立部门，该部门只专注于这款新产品。分离能够同时保护2个群体的独立性及其独特观点，从而让它们同时促进创新。

（3）综合。要解决一对冲突中的两极对立，例如效率与灵活，有时只需要一种解决方案。假如你负责领导一家技术性企业在新地区的市场建立业务，此时如果能坚持"聘用当地人才"这一启发式，你的团队将获得一种非常重要的招聘方法，它没有说明具体的招聘方式，由此形成的自由空间既能提高招聘效率，也有助于当地员工根据当地的基本情况临时制订具体招聘办法。在一个国家，你的团队可能会依靠经验丰富的董事会来物色当地的潜力型新员工；在另一个国家，你可能会选择网络招聘；在第三个国家，你可能会委托猎头。因此，启发式这个单一解决方案同时具备效率和灵活性。综合法的另一个例子是围绕需要做的工作组织并开展工作，即促使领导者将产品和服务与有效目标相结合的单一解决方案。一方面，企业成员很容易记住这种单一解决方案，因此更有可能使用该方案；另一方面，这种方案通常还比单独的某种方法更省力,因为后者需要提出多个解决方案。

面对冲突的小技巧

有几个领导者问我们:该如何更好地发现冲突,并精心策划适当的应对措施?我们的建议是:

(1)培养对竞争环境和竞争活动的全局观。全面看待战略竞争的环境,并且深入了解竞争活动,包括替代者、候补者、购买者和供给者,而不只是关注竞争对手。该视角不仅关注获取资源,还关注与人联合以及获得知识和技能的价值,从而让领导者使竞争环境对自己有利。因此,要管理冲突,就需要高度专注在竞争取胜的规则上,同时需要持续关注各种类型的竞争参与者。

(2)通过各种方式学习。同时以试错、向别人学习及试验等多种方式学习,这能够最大限度减少学习过程中速度和质量的掣肘。试验和试错比较耗费时间和资源,但是从中得到的知识质量较高;向别人学习速度较快,并且能够广泛积累各种经验,但是得到的知识通常质量不好,而且难以推断因果关系,因此不大可能用于避免错误。因此通过各种直接和间接的方式学习(而不是通过特定的微调方式),将有助于领导者对投入进行三角互证。

(3)不要忽视团队成员。领导者都很忙,人无完人,他们也不可避免地有一些短处、偏见以及盲点，这些会影响到其自身和他人的表现。为了精准地弥补领导者的个人缺陷，同时为了避免领导者的注意力过于分散，企业不遗余力地集结强大的团队。对于领导者缺乏决策经验的企业而言，优秀的团队尤其关键。尽管领导者需要听取其团队的建议，但是很多领导者容易忽略团队的建议。以往的研究发现，领导者的形象和做事风格和其他管理人员不同，尤其是在微观管理层面上。领导者倾向于花费更多时间和精力来建设其企业，这种高度关注和情感投入，有时候让他们觉得只有自己才能领导这个企业并判断企业面临的冲突。领导者对控制权的竭力维持，有时候会导致其在做出重要的战略性决定时忽略团队成员的意见，这会导致一种不良后果：领导者及其下属之间的关系经常很紧张，并且充满战略冲突。

总之，我们的研究揭示了一些关键观点。第一，哪怕你不是特别出色，也不是特别有远见，你一样可以成功地创新。创新的成功不完全取决于资金、运气，或者进入市场的顺序，在如今多变而复杂的环境中，成功的关键在于如何应对冲突。问题在于领导者应对冲突的方式通常不合适，因此无意间使企业不进反退，其实这完全可以避免。如果领导者能够正确地认识并调和持续存在的冲突（见表9-1），他们也可以像开普勒一样成功，也可以把看似不可能的取舍转变为建设性的冲突，并化险为夷，从而为当前和未来的创新奠定基础。

▶ 创造的成本：创新者的得失权衡

表 9-1 冲突概览

冲突	关键问题	为什么这种冲突很关键	不建议的冲突应对方法	应对冲突的好方法
灵活与专注	如何更有效地捕捉新的增长机会？	成熟企业、成长型企业和新企业均受其选择并执行机会的方式的影响	· 为了回应突然出现的客户需求而选择机会 · 追逐不值得付出时间的小机会，超出能力范围的大机会，或者竞争太激烈的中等机会	· 意识到机会包括选择机会和执行机会两个阶段，并且如何选择机会，会影响机会的执行 · 在选择机会时更专注并坚持原则 · 在执行机会时更灵活并不断调整
差异化与借鉴	如何确定哪些差异点将对潜在客户最重要？	全新市场就像科学幻想中的虫洞，常规的（市场）规律是不起作用的	· 刚一进入新市场就专注让自己区别于竞争对手 · 采用多个商业模式模板分散筹码 · 过早尝试完善商业模式，即便完善后的模式看似有效	· 借鉴同行的想法 · 持续快速测试可选的商业模式模板，然后专注于一种商业模式模板 · 止步、观察、完善，同时刻意为商业模式留有一定余地

160

第三部分　密切联系利益相关者

续表

冲突	关键问题	为什么这种冲突很关键	不建议的冲突应对方法	应对冲突的好方法
依赖与忽略	何时该依赖数据，何时该忽略数据？	我们生活在数据时代。数字平台、无线传感器、应用程序、手机，所有这些均积累了大量数据，而且积累数据的数量每几年就会翻一番	·在不存在的市场上坚持进行市场研究 ·让同一批人决定现有业务运营和未来创新方案 ·要求每个决定必须有量化数据支持 ·依赖数据进一步满足最佳客户的需求	·在创新（或创造）过程和业务运营所用数据之间建立一个结构性壁垒 ·采用通过多种方法形成的多个观点（例如逻辑观点、直觉观点、定量观点） ·忽略数据，并且思考如何诱导需求未得到满足的客户
内部与外部	如何充分利用企业内部和外部的人的知识？	领导者需要其他人的帮助来带动创新，因为领导者的信息是不全面的，而且他们的所知受认知偏见影响	·向集中型群体寻求反馈 ·追逐喜欢你的产品或者服务的大量用户，从而任企业快速扩张 ·依靠强联系关系未执行项目	·临时要求非集中型群体提供反馈 ·做的事情不会促使企业扩大规模。向少数人提供超出其预期的产品和服务，并且将他们们作为未来客户的替身 ·利用弱联系

161

▶ 创造的成本：创新者的得失权衡

续表

冲突	关键问题	为什么这种冲突很关键	不建议的冲突应对方法	应对冲突的好方法
效率与灵活	如何避免另起炉灶，同时乐于彻底进行改造？	面对竞争性威胁和调整，大部分企业倾向于内组织结构会越来越庞大，从而无意识地增加了转变的难度	·认为启发式存在偏见，无效，并且会导致决策错误 ·寻求能够普遍适用于所有企业或者仅仅专属于一个企业的启发式 ·在经验积累的同时增加启发式	·把启发式看作在动态环境中决策的合理工具 ·制订内容区别于其他企业，但是类型和其他企业相同的启发式，优即选择启发式、过程启发式、升级别启发式和时机启发式 ·简化和废除现有启发式
熟悉与新颖	如何调整创新以获得资源、关注和吸引力？	人的认知可能比技术优势更能决定新产品和新服务的命运	·在采纳创新的早期强调创新的独特性 ·在新技术开始立足后，继续强调其熟悉性 ·随着时间的推移，对新创新的介绍越来越笼统，或者越来越具体	·一开始强调创新和以往解决方案之间的相似性，并且尽量少强调其新颖性 ·在新技术开始立足后，转而强调其新颖性

▼ 162

第三部分　密切联系利益相关者

续表

冲突	关键问题	为什么这种冲突很关键	不建议的冲突应对方法	应对冲突的好方法
产品与用途	如何形成并且维持独特的品牌优势？	好的用途型品牌能够为自己代言，带来益价，并阻止竞争对手，但是新用途型品牌失败的多，成功的少	· 过分专注于品牌的身份和形象 · 假设客户基于产品特征决定购买实货产品 · 将大量资金用于营销 · 品牌扩张超出品牌用途	· 深入思考客户面临的基本问题和渴望的解决方案 · 明确为了出色地帮助客户完成工作，需要提供哪些体验 · 设计并反思结构来可靠地提供这些体验 · 将能够做同一工作的新产品纳入原品牌
坚持与改变	必须调整战略时，如何维持客户的信任并保持初心？	要取得成功，企业必须用一个好故事团结其他人，但是这个故事最后通常不合适，领导者意识到需要改变方向	· 一开始就公布详细的宣传口号，来介绍合适的产品概念以及具体实现的增长和盈利路径 · 给每项新业务设一个新目标 · 突然改变路线，发现利益相关者做出消极反应后才承认自己错了	· 笼统地描述，避免具体说明路线，把新战略方向和最初的宣传口号结合起来（尤其是要实现的目标） · 主动向人们告知其可能不喜欢的改变，并对他们表示同情和歉意

163

参考文献

前言

1. Carmen Nobel, "Why Companies Fail and How Their Founders Can Bounce Back," *Working Knowledge*, Harvard Business School, March 7, 2011.

2. Matthew S. Olsen, Derek van Bever, and Seth Verry, "When Growth Stalls," *Harvard Business Review*, June 8, 2008.

3. Joan Schneider and Julie Hall, "Why Most Product Launches Fail," *Harvard Business Review* August 1, 2014.

4. 面对改变时，公司转变太晚、太早、太多或太少（最终导致还不如不转变）的具体过程见Christopher B. Bingham and Kathleen M.Eisenhardt, "Position, Leverage and Opportunity: A Typology of Strategic Logics Linking Resources with Competitive Advantage," *Managerial and Decision Economics* 29, no. 2–3 (2008):241–256; Kathleen M. Eisenhardt, Nathan R. Furr, and Christopher B. Bingham, "CROSSROADS—Microfoundations of Performance: Balancing Efficiency and Flexibility in Dynamic Environments," *Organization Science* 21, no. 6 (2010): 1263–1273.

5. 如何更加全面地看待导致高潜力初创企业失败的原因，我们推荐Tom Eisenmann, *Why Startups Fail: A New Roadmap for Entrepreneurial Success* (New York: Crown Currency, 2021). 另见Amy Whyte, "The

'Problematic,' VC-Threatening Study That Has Split Harvard Professors," *Institutional Investor*, November 12, 2020.

6. Damon Brown, "Why Elon Musk's Entrepreneurial Failures Should Give You Confidence and Hope," infographic, Inc.com, June 29, 2018.

7. Ted Baker and Reed E.Nelson, "Creating Something from Nothing: Resource Construction through Entrepreneurial Bricolage," *Administrative Science Quarterly* 50, no. 3 (2005): 329-366; Geoffrey Desa and Sandip Basu, "Optimization or Bricolage? Overcoming Resource Constraints in Global Social Entrepreneurship," *Strategic Entrepreneurship Journal* 7, no. 1 (2013): 26-49; Julienne Senyard et al., "Bricolage as a Path to Innovativeness for Resource-Constrained New Firms," *Journal of Product Innovation Management* 31, no. 2 (July 2013): 211-230.

8. Annie Duke, *Thinking in Bets: Making Smarter Decisions When You Don't Have All the Facts* (New York: Portfolio/Penguin, 2019).

9. Clayton M.Christensen and Michael E.Raynor,"Why Hard-Nosed Executives Should Care about Management Theory," *Harvard Business Review,* March 2, 2020.

10. Thomas W. Lee, *Using Qualitative Methods in Organizational Research* (Thousand Oaks,CA: Sage, 1998); Christopher B.Bingham et al., "Concurrent Learning: How Firms Develop Multiple Dynamic Capabilities in Parallel," *Strategic Management Journal* 36, no. 12 (August 2015): 1802-1825.

11. Rory McDonald, Emilie Billaud, and Vincent Dessain, "Parrot: Navigating the Nascent Drone Industry," Harvard Business School Case 619-085 (June 2019, rev. September 2019); Henri Seydoux,"Three Lessons from Parrot's Saga," Paris Innovation Review, September 28, 2016.

12. McDonald, Billaud, and Dessain, "Parrot."

13. Rory McDonald, Clayton M. Christensen, Daniel West, and Jonathan E. Palmer, "Under Armour," Harvard Business School Case 618-020 (January 2018).

14. Kelefa Sanneh, "Skin in the Game," *New Yorker,* March 27, 2014.

15. Sanneh, "Skin in the Game."

16. Sanneh, "Skin in the Game."

17. Kathleen M.Eisenhardt, "What Is the Eisenhardt Method, Really?," *Strategic Organization* 19, no. 1 (2021): 147–160; Kathleen M.Eisenhardt and Melissa E.Graebner, "Theory Building from Cases: Opportunities and Challenges," *Academy of Management Journal* 50, no. 1(2007): 25–32.

18. Eisenhardt, "What Is the Eisenhardt Method, Really?"; Kathleen M.Eisenhardt and Melissa E. Graebner, "Theory Building from Cases: Opportunities And Challenges," *Academy of Management Journal* 50, no.1(2007): 25–32.

19. Kathleen M. Eisenhardt, "Building Theories from Case Study Research," *Academy of Management Review* 14, no. 4 (1989): 532–550.

第一章

1. Gabriel Szulanski and Robert J.Jensen, "Presumptive Adaptation and the Effectiveness of Knowledge Transfer," *Strategic Management Journal* 27 (2006): 937–957.

2. Eric Ries, *The Lean Startup: How Today's Entrepreneurs Use Continuous Innovation to Create Radically Successful Businesses* (NewYork: Crown Business, 2011).

3. Shona L. Brown and Kathleen M. Eisenhardt, "The Art of Continuous Change: Linking Complexity Theory and Time-Paced Evolution in Relentlessly Shifting Organizations," *Administrative Science Quarterly* 42 (1997): 1–34; Amar V. Bhide, *The Origin and Evolution of New Businesses* (New York: Oxford University Press, 2000).

4. Christopher B. Bingham, "Oscillating Improvisation: How Entrepreneurial Firms Create Success in Foreign Market Entries over Time," *Strategic Entrepre- neurship Journal*, 3, no. 4 (2009): 321–345.

5. Christopher B.Bingham,Kathleen M.Eisenhardt,and Nathan R. Furr, "What Makes a Process a Capability?Heuristics, Strategy, and Effective Capture of Opportunities," *Strategic Entrepreneurship Journal* 1, nos. 1–2 (2007): 27–47; Christopher B. Bingham and Kathleen M. Eisenhardt, "Rational Heuristics: The 'Simple Rules' That Strategists Learn from Their Process Experiences," *Strategic Management Journal* 32, no.13 (2011): 1437–1464.

6. Kathleen M. Eisenhardt, "Making Fast Strategic Decisions in High-Velocity Environments," *Academy of Management Journal* 32, no. 3 (1989): 543–576; Bhide, *The Origin and Evolution of New Businesses.*

7. K. E. Weick, "The Collapse of Sensemaking in Organizations: The Mann Gulch Disaster," *Administrative Science Quarterly* 38 (1993): 628–652; K. Weick, *Sensemaking in Organizations* (London: Sage,1995).

8. Claude M. Steele, "The Psychology of Self-Affirmation: Sustaining the Integrity of the Self," in *Advances in Experimental Social Psychology*, vol. 21, ed. L. Berkowitz (New York: Academic Press, 1988),261–302.

9. Jake Burton Carpenter, "Jake Burton Carpenter, the King of Snowboards," February 14, 2014.

10. Biz Carson, "The Inside Story of How Uber Tried and Failed to Build a FedEx Rival—and Its $69 Billion Valuation Could Be Jeopardized," *Business Insider*, July 8, 2017.

11. Christopher B. Bingham and Jason P. Davis, "Learning Sequences: Their Existence, Evolution and Effect," *Academy of Management Journal* 55, no. 3 (2012): 611–641.

12. Thomas R. Eisenmann, Michael Pao, and Lauren Barley, "Dropbox: 'It Just Works,'" Harvard Business School Case 811–065 (January 2011, rev. October 2014).

第二章

1. Cheng Gao and Rory McDonald, "Shaping Nascent Industries: Innovation Strategy and Regulatory Uncertainty in Personal Genomics," Harvard Business School Working Paper No. 20–095, March 2020 (personal genomics); Rory McDonald, David Lane, and Mel Martin, "Apple Bets on Augmented Reality," Harvard Business School Case 621–007 (September 2020) (augmented reality); and Rory McDonald, Samir Junnarkar, and David Lane, "Marcus by Goldman Sachs," Harvard Business School Case 620–005 (November 2019, rev. December 2019).

2. Michael E. Porter, "What Is Strategy?," *Harvard Business Review* 74, no. 6 (November–December 1996):78.

3. 关于平行游戏作为创新方法这一观点的更多资料，见Rory McDonald and Kathleen Eisenhardt, "Parallel Play: Startups, Nascent Markets, and the Effective Design of a Business Model," *Administrative Science Quarterly* 65, no. 2 (June 2020): 483–523. 本章部分内容见Rory McDonald and Kathleen Eisenhardt, "The New-Market Conundrum," *Harvard Business Review* 98, no. 3 (May–June 2020): 75–83.

4. Sunil Paul, "The Untold Story of Ridesharing—Part III: The Birth of Sidecar and Ridesharing," March 27, 2017.

5. Will Oremus, "Google's Big Break," Slate, October 13, 2013.

6. 关于创新过程中实验主题的精彩介绍，见Stephan Thomke, *Experimentation Works: The Surprising Power of Business Experiments*

(Boston: Harvard Business Review Press, 2020).另见 Michael Luca and Max Bazerman, *The Power of Experiments: Decision-making in a Data Driven World* (Cambridge, MA: MIT Press, 2020).

7. Megan Garber, "Instagram Was First Called 'Burbn'," *Atlantic*, July 2, 2014.

8. Mike Maples Jr, "How Instagram Delighted 1 Billion Users... But Almost Didn't," *Starting Greatness* (podcast), Floodgate, January 13.

9. Erin Griffith, "A Unicorn Lost in the Valley, Evernote Blows Up the 'Fail Fast' Gospel,"*New York Times*, June 28,2019.

10. Ilan Mochari,"The Inside Story of How PayPal Ousted an Early Rival," *Inc.*, July 7, 2014.

11. Steve Bodow, "The Money Shot," *Wired*, September 1, 2001.

12. Steve Blank, "Why the Lean Start-Up Changes Everything，" *Harvard Business Review* 91, no. 5 (May 2013): 63–72.

13. See Vineet Kumar, "Making 'Freemium' Work: Many Startups Fail to Recognize the Challenges of This Popular Business Model," *Harvard Business Review* 92, no. 5 (May 2014): 27–29; and Thomas R. Eisenmann, Michael Pao, and Lauren Barley, "Dropbox: 'It Just Works,'" Harvard Business School Case 811–065 (January 2011, rev. October 2014).

14. Dropbox, Inc., Form S–1, EDGAR, Securities and Exchange Commission, February 23, 2018.

15. Clayton Christensen and Jeremy Dann, "SonoSite: A View Inside," Harvard Business School Case 602–056 (August 2001, rev. January 2015).

16. Kevin Gibbon, "I Can't Wait for You to See What We Do Next," LinkedIn, March 27, 2018.

17. Thomas R. Eisenmann and Laura Winig, "Rent the Runway," Harvard Business School Case 812–077 (November 2011, rev. December 2012).

18. Recode Staff, "Full Transcript: Jennifer Hyman, CEO of Rent the Runway, Is Creating the Spotify of Women's Clothes," Vox, February 9, 2017; Alexandra Schwartz, "Rent the Runway Wants to Lend You Your Look," *New Yorker*, October 22, 2018.

19. Stefan Thomke and Eric von Hippel, "Customers as Innovators: A New Way to Create Value," *Harvard Business Review*, August 1, 2014.

第三章

1. Neil Patel, "How Netflix Uses Analytics to Select Movies, Create Content, and Make Multimillion Dollar Decisions,".

2. Alexis Madrigal, "How Netflix Reverse-Engineered Hollywood," *Atlantic*, January 2 2014.

3. Josef Adalian, "Inside Netflix's TV-Swallowing, Market-Dominating Binge Factory," Vulture, June 11, 2018.

4. Nicolaus Henke, Jacques Bughin, Michael Chui, et al., "The Age of

Analytics: Competing in a Data-Driven World," McKinsey Global Institute, December 7, 2016.

5. Clayton M. Christensen, Karen Dillon, Taddy Hall, and David S. Duncan, *Competing against Luck: The Story of Innovation and Customer Choice* (New York: Harper Business,2016).

6. Josef Adalian, "Inside the Binge Factory," Vulture, June 2018.

7. Eric Leifer, "Denying the Data: Learning from the Accomplished Sciences,"*Sociological Forum* 7, no. 2 (1992).

8. William Broad and Nicholas Wade, *Betrayers of the Truth* (New York: Simon & Schuster,1982).

9. Thomas S.Kuhn, *The Structure of Scientific Revolutions*, 2nd ed. (Chicago: University of Chicago Press, 1970).

10. Steve Jobs in an interview with *Business Week*, May 25,1998.

11. 本例详见Peter Bearman, "Robin Williams and the Long Twentieth Century of American Sociology ... or Back to the Future," *Sociological Forum* 23, no. 2 (2008): 390–396.

12. Eric Leifer, "Denying the Data: Learning from the Accomplished Sciences," *Sociological Forum* 7,no.2(1992).

13. Viktor Mayer-Schönberger and Kenneth Cukier, *Big Data: A Revolution That Will Transform How We Live, Work, and Think* (New York: Houghton Mifflin Harcourt, 2013).

14. Clayton M. Christensen, James Allworth, and Karen Dillon, *How Will You Measure Your Life?* (London: Thorsons,2019).

15. Rich Karlgaard,"Big Data's Promise: Messy, Like Us,"*Forbes*, July 24, 2013.

16. Henri Seydoux,"Three Lessons from Parrot's Saga," Paris Innovation Review, September 28, 2016; Mike Murphy, "This French Drone Company Innovates by Knowing When to Ignore What Consumers Want," Quartz, September 11, 2016.

17. Rory McDonald, Emilie Billaud, and Vincent Dessain, "Parrot: Navigating the Nascent Drone Industry," Harvard Business School Case 619-085 (June 2019, rev. September 2019).

18. 关于裂变的概论，我们建议阅读Clayton M. Christensen, Michael E. Raynor, and Rory McDonald, "What Is Disruptive Innovation?," *Harvard Business Review*, December 1, 2015; 另见 Clayton M. Christensen et al., "Disruptive Innovation: An Intellectual History and Directions for Future Research," *Journal of Management Studies* 55, no. 7 (2018): 1043-1078. 对于成熟企业如何在变化中避免混乱，有一种规范的观点，见 Charles A. O'Reilly III and Michael L. Tushman, *Lead and Disrupt: How to Solve the Innovator's Dilemma* (Stanford, CA: Stanford Business Books, 2016).

19. Clayton M. Christensen, *The Innovator's Dilemma: When New Technologies Cause Great Firms to Fail* (Boston: Harvard Business Review Press, 2016).

20. Josef Adalian, "Inside the Binge Factory," Vulture, June 2018.

第四章

1. Katie Kindelan, "Family Says 'Thank You' to the 'Angels' Who Formed Human Chain to Rescue Them off Florida Coast," *ABC News,* July 17, 2017.

2. H. A. Simon, "A Behavioral Model of Rational Choice," *Quarterly Journal of Economics*(1955): 99–118; J. G. March and H. A. Simon, "Organizations," American Psychological Association, 1958. Amos Tversky and Daniel Kahneman, "Judgment under Uncertainty: Heuristics and Biases," *Science* 185, no. 4157 (1974): 1124–1131; C. Camerer and D. Lovallo, "Overconfidence and Excess Entry: An Experimental Approach," *American Economic Review* 89 (1999): 306–318; J. P. Eggers and L. Song, "Dealing with Failure: Serial Entrepreneurs and the Costs of Changing Industries between Ventures," *Academy of Management Journal* 58 (2015): 1785–1803; B. L. Hallen and E. C. Pahnke, "When Do Entrepreneurs Accurately Evaluate Venture Capital Firms' Track Records? A Bounded Rationality Perspective," *Academy of Management Journal* (2016).

3. H. A. Simon, "Applying Information Technology to Organization Design," *Public Administration Review* 33 (1973): 268–278; Z.Lin and K.M.Carley, "Organizational Response: The Cost Performance Tradeoff," *Management Science* 43 (1997): 217–234.

4. Susan T. Fiske and Shelley E. Taylor, *Social Cognition*, 2nd ed. (New York: McGraw-Hill, 1991); Simon, "A Behavioral Model of Rational Choice."

5. Eric Ries, *The Lean Startup: How Today's Entrepreneurs Use Continuous Innovation to Create Radically Successful Businesses* (New York: Crown Business, 2011).

6. Giovanni Gavetti and Jan W. Rivkin, "On the Origin of Strategy: Action and Cognition over Time," *Organization Science* 18 (2007): 420–439.

7. Susan L. Cohen, Christopher Bingham, and Benjamin L. Hallen, "Why Are Some Accelerators More Effective? Bounded Rationality and Venture Development," *Administrative Science Quarterly* 64, no. 4 (2019): 810–854.

8. Cohen, Bingham, and Hallen, "Why Are Some Accelerators More Effective?," 828.

9. 寻求反馈对企业文化有什么好处，尤其是在创新环境中的好处，我们建议阅读Amy Edmondson, *The Fearless Organization: Creating Psychological Safety in the Workplace for Learning, Innovation, and Growth* (Hoboken, NJ: John Wiley & Sons, 2018). 想了解更多关于通过赋予个人权力来领导的内容，我们建议阅读Frances Frei and Anne Morris, *Unleashed: The Unapologetic Leader's Guide to Empowering Everyone around You* (Boston: Harvard Business Review Press, 2020).

10. Tversky and Kahneman, "Judgment under Uncertainty"; Fiske and

Taylor, *Social Cognition*; Robert B. Cialdini, *Influence: The Psychology of Persuasion*, rev. ed. (New York: Morrow, 1993); Hayagreeva Rao, Henrich R. Greve, and Gerald F. Davis, "Fool's Gold: Social Proof in the Initiation and Discontinuation of Coverage by Wall Street Analysts," *Administrative Science Quarterly* 46, no. 3 (2001): 502–526.

11. R.K.Yin, *Case Study Research:Design and Methods*, 2nd ed. (Thousand Oaks, CA: Sage, 1994).

12. Experience Point, "Why Extreme Users Are an Innovator's Best Friends," Medium. com, September 29, 2020.

13. "Alexander Graham Bell," PBS, 1999.

14. Michael Blanding, "Pay Attention to Your 'Extreme Consumers,'" Harvard Business School, July 14, 2014.

15. M. Granovetter, "The Strength of Weak Ties," *American Journal of Sociology* 78, no. 6 (May 1973):1360–1380.

16. M. T. Hansen, "The Search-Transfer Problem: The Role of Weak Ties in Sharing Knowledge across Organization Subunits," *Administrative Science Quarterly* 44, no. 1 (1999): 82–111.

17. Christopher B. Bingham and Jason P. Davis, "Learning Sequences: Their Existence, Evolution and Effect," *Academy of Management Journal* 55, no. 3 (2012): 611–641.

18. 欲了解领导者向数量更多、类型更广泛的人征询意见的过程中是如何学到专门的知识的,建议阅读以下资料:Linda Argote, *Organizational Learning: Creating, Retaining and Transferring Knowledge* (Norwell, MA: Kluwer Academic Publishers, 1999); Melissa A. Schilling, Patricia Vidal, Robert E. Ployhart, and Alexandre Marangoni, "Learning by Doing Something Else: Variation, Relatedness, and the Learning Curve," *Management Science* 49, no. 1 (2003): 39–56; Linda A. Hill, Greg Brandeau, Emily Truelove, and Kent Lineback, *Collective Genius: The Art and Practice of Leading Innovation* (Boston, MA: Harvard Business Review Press, 2014).

19. Jose Ferreira, Pablo Claver, Pedro Pereira, and Thomaz Sebastião, "Remote Working and the Platform of the Future," Boston Consulting Group, October 2020. 如想了解有关未来远程工作的完整讨论,我们建议阅读 Tsedal Neeley, *Remote Work Revolution: Succeeding from Anywhere* (New York: Harper Business, 2021).

第五章

1. Gary Hamel and Michele Zanini, "Yes, You Can Eliminate Bureaucracy," *Harvard Business Review*, October 29, 2018.

2. Christopher Bingham and Kathleen Eisenhardt, "Rational Heuristics: The 'Simple Rules' Strategists Learn from Their Process Experiences," *Strategic Management Journal* 32, no. 13 (2011): 1437–1464.

3. 研究表明,尽管投入的精力更多,但是信息密集型和分析复杂型方法的准确度不高。见T.D. Wilson and J. W. Schooler, "Thinking Too Much: Introspection Can Reduce the Quality of Preferences and Decisions," *Journal of Personality and Social Psychology* 60, no. 2 (1991): 181–192. 信息密集型方法还倾向于基于过往经验"过拟合"（为了得到一致假设而使假设变得过度严格）结果，这会导致预测精确度低。见Gerd Gigerenzer and Henry Brighton, "Homo Heuristicus: Why Biased Minds Make Better Inferences," *Topics in Cognitive Science* 1, no. 1 (2009): 107–143.

4. Victor DeMiguel, Lorenzo Garlappi, and Raman Uppal, "Optimal Versus Naive Diversification: How Inefficient Is the 1/N Strategy?," *Review of Financial Studies* 22, no. 5(2009):1915–1953.

5. Paul J. Taylor, Craig Bennell, and Brent Snook, "The Bounds of Cognitive Heuristic Performance on the Geographic Profiling Task," *Applied Cognitive Psychology* 23, no. 3 (2009): 410–430.

6. T. D. Wilson and J. W. Schooler, "Thinking Too Much: Introspection Can Reduce the Quality of Preferences and Decisions," *Journal of Personality and Social Psychology* 60, no. 2 (1991): 181–192.

7. Daniel Kahneman, *Thinking Fast and Slow* (New York: Farrar, Straus and Giroux, 2011).

8. Kahneman, and Tversky,"Judgment under Uncertainty."

9. Stéphanie Joalland, "7 Rules for Writing Short Films," Sundance, December 6, 2012.

10. Bill Murphy, "Google Says It Still Swears by the 20 Percent Rule to Find Big Ideas, and You Should Totally Copy It," *Inc.*, November 1, 2020.

11. Christopher B. Bingham and Kathleen M. Eisenhardt, "Rational Heuristics: The 'Simple Rules' Strategists Learn from Their Process Experiences," *Strategic Management Journal* 32, no. 13 (2011): 1437–1464.

12. 关于简单规则随时间流逝之演变过程的更多信息见Christopher B.Bingham, Travis Howell and Timothy E. Ott, "Capability Creation: Heuristics as Microfoundations," *Strategic Entrepreneurship Journal* 13, no. 2 (2019): 121–153.

13. P. J. Feltovich, J. J. Prietula, and K. A. Ericsson, "Studies of Expertise from Psychological Perspectives," in *The Cambridge Handbook of Expertise and Expert Performance*, ed. K. A. Ericsson, N. Charness, P. J. Feltovich, and R. R. Hoffman (New York: Cambridge University Press, 2006), 41–68.

14. Neil Charness, Eyal M. Reingold, Marc Pomplun, and Dave M. Strampe, "The Perceptual Aspect of Skilled Performance in Chess: Evidence from Eye Movements," *Memory and Cognition* 29 (2001): 1146–1152; Michelene H. Chi, Paul J. Feltovich, and Robert Glaser, "Categorization and Representation of Physics Problems by Experts and Novices," *Cognitive Science* 5 (1981): 121–152; Ellen J. Langer and Lois G. Imber, "When Practice Makes Imperfect: Debilitating Effects from Overlearning," *Journal of Personality & Social Psychology* 37, no. 11 (1979): 2014–2024.

15. Jason P. Davis, Kathleen M. Eisenhardt and Christopher B. Bingham,"Optimal Structure, Market Dynamism, and the Strategy of Simple Rules," *Administrative Science Quarterly* 54, no. 3 (2009):413–452. （本文表明在不可预测的市场上，简单规则很关键。启发式的最佳数量范围很小，启发式的数量和表现之间的关系为倒V形。）

第六章

1. Nir Eyal, "People Don't Want Something Truly New, They Want the Familiar Done Differently ...," *Entrepreneur*, June 18, 2015.

2. C. Bingham and S. Kahl, "The Process of schema Emergence: Assimilation, Deconstruction, Unitization and the Plurality of Analogies," *Academy of Management Journal* 56, no. 1 (2013): 14–34.

3. M. Tripsas and G. Gavetti, "Capabilities, Cognition and Inertia: Evidence from Digital Imaging," *Strategic Management Journal* 2, no. 10/11 (2000): 1147–1162; S. Kaplan and M. Tripsas, "Thinking about Technology: Applying a Cognitive Lens to Technical Change." *Research Policy*, 37, no. 5 (2008): 790–805.

4. V. Rindova and A. Petkova, "When Is a New Thing a Good Thing? Technological Change, Product Form Design, and Perceptions of Value for Product Innovations," *Organization Science* 18, no. 2 (2007): 217–232; A. Hargadon and Y. Douglas, "When Innovations Meet Institutions: Edison and the Design of the Electric Light," *Administrative Science Quarterly* 46

(2001):476–501.

5. M. L. Gick and K. J. Holyoak, "Schema Induction and Analogical Transfer," *Cognitive Psychology* 15, no. 1 (1983): 1–38; C. Bingham and S. Kahl, "The Process of Schema Emergence: Assimilation, Deconstruction, Unitization and the Plurality of Analogies," *Academy of Management Journal* 56, no. 1 (2013): 14–34.

6. A. Hargadon and A. Fanelli, "Action and Possibility: Reconciling Dual Perspectives of Knowledge in Organizations," *Organization Science*, 13, no. 3 (2002): 290–302.

7. "Why QR Codes Are on the Rise," *Economist,* November 2, 2017; David Pierce, "The Curious Comeback of the Dreaded QR Code," *Wired,* July 10, 2017; Tyler DeVooght, "The Fall and Rise of the QR Code," Business 2 Community, September 4, 2019.

8. Richard D'Aveni,"The 3-D Printing Playbook." *Harvard Business Review,* November 27, 2019.

9. Damon Lavrinc. "Why Flipping through Paper-like Pages Endures in the Digital World," *Wired,* May 2012.

10. M.T.H.Chi, P.J.Feltovich, and R.Glaser,"Categorization and Representation of Physics Problems by Experts and Novices," *Cognitive Science* 5 (1981): 121–152.

11. See C.Bingham and S.Kahl, "The Process of Schema Emergence: Assimilation, Deconstruction, Unitization and the Plurality of Analogies,"

Academy of Management Journal 56, no. 1 (2013): 14–34.

12. Hewlett Packard Enterprise, "What Is Edge Computing? Enterprise IT Definitions,"; Paul Miller, "What Is Edge Computing?," *Circuit Breaker* (blog), The Verge, May 7, 2018.

13. Chris Anderson, "Drones Go to Work," *Harvard Business Review*, May 16, 2017.

第七章

1. 克莱顿·克里斯坦森教授认为有了大数据和复杂的分析工具，企业领导者比以往更了解客户，但是他们误解了人们购买东西的原因：人们买一件东西，并不是因为它符合特定的人口统计学或者心理学画像，他们"聘用"产品来在他们所处的环境中取得进步。关于客户需要做的工作的资料，见Theodore Levitt, "Marketing Myopia," *Harvard Business Review* 82, no. 7–8 (July–August 2004): 138–149.; C. M. Christensen, T. Hall, K. Dillon, et al., "Know Your Customers' 'Jobs to Be Done,' " *Harvard Business Review* 94, no. 9 (September 2016): 54–62; 另见Clay ton M. Christensen, Taddy Hall, Karen Dillon, and David S. Duncan, *Competing against Luck: The Story of Innovation and Customer Choice* (New York: Harper Business, 2016).

2. Clayton M. Christensen, Rory McDonald, Laura E. Day, and Shaye Roseman, "Integrating around the Job to Be Done," Harvard Business School Module Note 611–004(2020).

3. 这些步骤引自"Integrating around the Job to Be Done."

4. Erich Joachimsthaler and David A. Aaker, "Building Brands without Mass Media," *Harvard Business Review* 75 no. 1–2 (January–February 1997):39–50.

5. 本章（包括对用途型品牌的概念化过程）引用并扩展自哈佛商学院教授罗里·M.麦克唐纳和克莱顿·克里斯坦森（Clayton Christensen）及助理研究员沙伊·罗斯曼（Shaye Roseman）的论文。见Rory McDonald, Clayton M. Christensen and Shaye Roseman, "Purpose Brands," Harvard Business School Module Note 619–075 (June 2019, rev. July 2020).

6. Clayton M. Christensen, Scott Cook, and Taddy Hall, "It's the Purpose Brand, Stupid," *Wall Street Journal*, November 29, 2005.

7. 下文两段内容摘自 GOJO Industries的企业历史。

8. Gary P. Pisano, *Creative Construction: The DNA of Sustained Innovation* (New York: PublicAffairs, 2019).

9. Joe Pinsker, "A Drink for Babies Is No Hangover Cure," *Atlantic*, June 3, 2015.

10. Andria Cheng, "Pedialyte Sales Grow—into an Adult Market," *Wall Street Journal*, May 13, 2015.

11. Bailey King, "Pedialyte Finally Launches Product Made for Treating Hangovers," *Philly Voice*, December 27, 2018.

12. Kaitlyn Tiffany, "How Pedialyte got Pedialit," Vox, September 10,2018.

13. Rory Mc Donald, Clayton M. Christensen, Daniel West and Jonathan E. Palmer, "Under Armour," Harvard Business School Case 618–020 (January 2018).

14. Daniel Roberts, "Maryland Football's Best Corporate Friend," *Fortune*, November 20, 2012.

15. Chuck Salter, "Protect This House," *Fast Company*, August 1,2005.

16. Prophet.com, "'I Will' vs. 'Just Do It.'"

17. Kevin Plank, interview with author, April 14,2017.

18. Kevin Plank,"Under Armour's Founder on Learning to Leverage Celebrity Endorsements," *Harvard Business Review*, May 2012; Kevin Plank, interview with author, April 14,2017.

19. "Under Armour Startup Story,"n.d.

20. "Under Armour Startup Story"; Kelefa Sanneh, "Skin in the Game," *New Yorker*, March 24, 2014.

21. Sanneh, "Skin in the Game."

22. Sanneh, "Skin in the Game."

23. Callahan, "No Sweat"; Plank, interview, April 14, 2017.

24. Plank, interview, April 14, 2017.

25. Plank, "Under Armour's Founder on Learning to Leverage Celebrity Endorsements."

26. Kip Fulks, interview with author, June 1, 2017.

27. Matthew Philips, "How Under Armour Tackled Nike and Adidas," *News-week*, October 14, 2009.

28. Plank, interview, April 14, 2017.

29. Plank, interview, April 14, 2017; Callahan, "NoSweat."

30. Plank, interview, April 14, 2017.

31. "The Donald Dell Interview: Plank Tells Story of Getting UA in *Any Given Sunday*," CSN Mid-Atlantic, July 17, 2016.

32. Plank, "Learning to Leverage Celebrity Endorsements."

33. Plank, interview, April 14, 2017.

34. Chuck Salter, "Protect This House," Fast Company, August 1, 2005.

35. Al Ries and Jack Trout, *Positioning: The Battle for Your Mind* (New York: McGraw-Hill, 1981); David Aaker, "Ries & Trout Were Wrong: Brand Extensions Work," *Harvard Business Review*, April 2012.

36. David Aaker, "Brand Extensions: The Good, the Bad, and the Ugly," *MIT Sloan Management Review* 47 (1990): 47.

37. Blake Z. Rong, "The Future of Volvo," *Autoweek*, December 29, 2013.

38. Clayton M. Christensen and Michael E. Raynor, *The Innovator's Solution* (Boston: Harvard Business Review Press, 2013).

39. Fulks, interview, June 1, 2017.

40. Rina Raphael, "Female Founders Give Scrubs a Functional, Fashionable Make-over," *Fast Company*, July 6, 2018.

41. Dan Neil, "What Part of 'Mini' Did You Not Grasp, BMW?," *Wall Street Journal*, March 5, 2011.

42. Timothy Cain, "Mini Sales Figures—US Market," Good Car Bad Car, 2021.

43. Steph Willems, "QOTD: What to Do with Mini?," May 16, 2017; Matt Posky, "Mini Dealers Want to Know What the Hell Is Going On with the Brand," The Truth about Cars, March 22, 2018.

第八章

1. Norwegian Polar Institute, "Did You Know That Amundsen Was Actually Supposed to Go to the North Pole?," October 20, 2011.

2. Rory McDonald and Robert Bremner, "When It's Time to Pivot, What's Your Story? How to Sell Stake hold ers on a New Strategy," *Harvard Business Review* 98, no. 5 (September–October 2020): 98–105.

3. Amar V. Bhide, *The Origin and Evolution of New Businesses* (Oxford: Oxford University Press, 2003).

4. Thomas Eisenmann, Eric Ries, and Sarah Dillard,"Hypothesis-Driven Entre-preneurship: The Lean Startup," Harvard Business School Background Note 812-095 (December 2011, rev. July 2013).

5. 支撑本章的研究，由哈佛商学院教授罗里·M.麦克唐纳和来自芝加哥大学的高成（Cheng Gao，音译）开展。关于方法论和数据采集的更多信息，见Rory McDonald and Cheng Gao, "Pivoting Isn't Enough? Managing Strategic Reorientation in New Ventures," *Organization Science* 30, no. 6 (2019): 1289-1318.

6. See M. Tomz and R. P. Van Houweling, "The Electoral Implications of Candidate Ambiguity," *American Political Science Review* 103, no. 1 (2009): 83-98; and C. R. Grose, N. Malhotra, and R. P. Van Houweling, "Explaining Explanations: How Legislators Explain Their Policy Positions and How Citizens React," *American Journal of Political Science* 59, no. 3 (2016): 724-743.

7. Willy Shih and Stephen Kaufman, "Netflix in 2011," Harvard Business School Case 615-007 (August 2014).

8. Nicolás Rivero,"Magic Leap Tried-and Failed-to Pivot from Delightful Consumer Tech to 'Lethal' Military Gear," Quartz, November 30, 2018.

9. Guy Raz, "Away: Jen Rubio,"*How I Built This with Guy Raz*. NPR, March 18, 2019.

10. See A. M. Grant and S. Sonnentag, "Doing Good Buffers against Feeling Bad: Prosocial Impact Compensates for Negative Task and Self-

Evaluations," *Organizational Behavior and Human Decision Processes* 111, no. 1 (2010): 13–22.

11. Susie Allen, "Hierarchies and Prototypes: Lessons from the Drone and Video Game Industries," *Stanford eCorner*, July 10, 2019.

12. "Salesforce Introduces New Einstein Services, Empowering Every Adminand Developer to Build Custom AI for Their Business," Salesforce.com, April 17, 2019.关于人工智能如何重塑企业，我们建议阅读Marco Iansiti and Karim Lakhani, *Competing in the Age of AI: Strategy and Leadership When Algorithms and Networks Run the World* (Boston, MA: Harvard Business Review Press, 2020).

13. Dana Hull, "Tesla Stores Start to Re-open after U-Turn on Retail Strategy," Bloomberg, March 11, 2019.

14. Shih and Kaufman, "Netflix in 2011."

15. Hiten Shah, "How Slack Became a $16 Billion Business by Making Work Less Boring," *Nira* (blog).

16. "A Sad Announcement from Tiny Speck," Glitch.

17. Simon London, "Microsoft's Next Act," *McKinsey Quarterly* (podcast), April 3, 2018.

18. Gene Marks, "How Much Will Microsoft's Pivot to the Cloud Boost Quar- terly Earnings?" *Fox Business*, July 17, 2018.

第九章

1. Kathleen M. Eisenhardt, Nathan R. Furr, and Christopher B. Bingham, "CROSSROADS—Microfoundations of Performance: Balancing Efficiency and Flexibility in Dynamic Environments," *Organization Science* 21, no. 6 (2010): 1263–1273.

2. Brandon H. Lee, Jeroen Struben, and Christopher B. Bingham, "Collective Action and Market Formation: An Integrative Framework," *Strategic Management Journal* 39, no. 1 (2017): 242–266.

3. 关于这类问题的更多信息，见Jeroen Struben, Brandon H. Lee and Christopher B. Bingham, "Collective Action Problems and Resource Allocation during Market Formation," *Strategy Science* 5, no. 3 (2020): 245–270.

4. 荷兰软件企业软企（Soft Corp）采用双总部，帮助其做出在欧洲和在亚洲的必要应对。见Julian Birkinshaw et al. "How Do Firms Manage Strategic Dualities? A Process Perspective," *Academy of Management Discoveries* 2, no. 1 (2016): 51–78本文将冲突视为需要互不相容的解决方案的相互矛盾的问题。

5. 欲进一步了解如何控制冲突，见温迪·史密斯（Wendy Smith）及其同事的更多精彩作品：Wendy K. Smith and Marianne W. Lewis, "Toward a Theory of Paradox: A Dynamic Equilibrium Model of Organizing," *Academy of Management Review* 36, no. 2 (January 2011): 381–403.

Wendy K. Smith and Michael L. Tushman, "Managing Strategic Contradictions: A Top Management Model for Managing Innovation Streams," *Organization Science* 16, no. 5 (2005): 522–536; 另见 Wendy K. Smith, "Dynamic Decision Making: A Model of Senior Leaders Managing Strategic Paradoxes," *Academy of Management Journal* 57, no. 6 (2014): 1592–1623.